시대를 견디는 힘, 루쉰 인문학

일러두기

— 책 속에 소개된 루쉰 저작은 『루쉰 독본: 「아Q정전」부터 「희망」까지, 루쉰 소설 · 산문
   집』(루쉰 지음, 이욱연 옮김, 휴머니스트, 2020)에서 인용했다. 그밖에 중국 시인의
   시나 공자의 글은 저자의 번역문에 따라 수록했다.
— 외래어와 외국 인명은 국립국어원 '외래어 표기법'을 따르되, 일부 인명은 관행을 따
   랐다.
— 단행본은 『 』로, 산문 글, 시, 단편 제목은 「 」로, 영화, 드라마 제목은 〈 〉로 표기했다.

시대를 견디는 힘, 루쉰 인문학

어둠과 절망을 이기는 희망의 인문학 강의

이욱연 지음

21세기북스

루쉰은 누구인가?

이 책에는 '루쉰'이라는 이름이 곳곳에 등장합니다. 하지만 우리에게 루쉰이라는 이름은 그다지 익숙하지 않습니다. 여기에는 루쉰이 중국 작가여서 그렇기도 하지만, 과거에 그의 이름을 읽는 방법이 오늘날에 이르러 달라진 이유가 큽니다. 루쉰을 중국식 발음으로 읽을 때에는 말 그대로 '루쉰'이지만, 그의 이름을 한자음으로 읽으면 '노신(魯迅)'이 됩니다. 실제로 처음 우리나라에 루쉰의 작품이 소개되었을 때는 '노신'이라는 이름으로 알려졌고, 이후로 오랫동안 그는 노신으로 불렸습니다. 그래서 지금도 루쉰보다 노신이라는 이름을 기억하는 사람이 적지 않습니다.

루쉰은 1881년에 태어나서 1936년까지 살았으니까, 그를 평가할 때에도 가장 먼저 따라붙는 수식어는 '중국 근대 문학을 대표하는 작가'입니다. 그런데 루쉰을 단순히 작가라고만 표현하기에는 부족한 느낌이 듭니다. 실제로 중국에서는 루쉰을 두고 소설가나 작가라는 소개 외에도 '사상가'와 '혁명가'라고 덧붙이기도 합니다. 그가 작가를 넘어 사상적 깊이를 지닌 사람이고, 중국의 현실을 변화시키는 데 그의 삶이 이바지했다는 걸 말해 주는 수식입니다. 루쉰이 다양한 수식으로 불리게 된 까닭은, 중국이 역사적으로 위기였던 시기에 그가 소설과 산문을 쓰는 데에만 매진하지 않고 중국의 변혁을 위해서도 다양하게 활동했기 때문입니다.

루쉰이 살던 시대에 중국은 위기에 빠져 있었습니다. 영국, 프랑스와 같은 서구 열강의 제국주의로 중국 영토를 빼앗기고 주권을 짓밟혔습니다. 하지만 청나라와 청나라 뒤를 이은 중화민국은 무력한 데다가 부패하여 그 위기에 적절히 대응하지 못했습니다. 나라를 걱정하는 중국의 지식인들은 이러다간 중국은 물론 중국인마저 지구에서 사라질 수도 있다는 위기감을 느꼈습니다. 루쉰도 그랬습니다. 루쉰에게 이런 위기에 대응하는 일은 소설을 쓰는 것만으로 충분하지 않았습니다. 루쉰은 어두운 중국의 현실을 비판하기 위해서 여러 형식의 글을 썼습니다.

루쉰 전집은 중국어판으로 모두 20권입니다. 이렇게 많은 글을 썼음에도 루쉰이 쓴 소설은 매우 적습니다. 그중에서도 장편소설은 쓰지 않았고, 단편집만 3권 있습니다. 루쉰 전집 20권 가운데 가장 큰 비중을 차지한 글은 넓은 의미로 분류하자면 산문입니다. 하지만 산문도 한 가지가 아니어서, 산문시도 있고, 시사 평론이나 정치 평론 성격의 글도 있고, 당대 작가나 지식인과 함께 문학이나 중국 상황을 두고 격렬하게 논쟁을 주고받은 글도 있습니다. 루쉰은 작가이자 지식인으로서, 그리고 한 사람의 중국인으로서 다양한 형식의 글을 통해 중국 현실이 처한 문제를 비판하고 중국을 바꾸기 위해서 노력했습니다.

중국의 어두운 현실을 바꾸기 위한 루쉰의 생각은 독특했습니다. 한 나라가 위기에 빠졌을 때, 제일 먼저 해법을 어디서 찾아야 할까요? 이때 정치를 바꾸어야 한다고 생각하는 사람이 대부분일 겁니다. 아니면 경제 제도가 문제라고 생각할 수도 있습니다. 그런데 루쉰은 정치를 바꾸거나 경제를 바꾸는 것보다 더욱 근본적인 해법을 고민했습니다. 정치와 경제보다 그것을 떠받치고 있는 문화와 사람의 변화를 꿈꾸었던 것입니다. 그는 여러 차례 정권이 바뀌고 나라를 이끄는 정치 지도자가 바뀌어도, 중국에 어둠과 혼란이 계속되는 이유에 대해 생각했습니다. 그리고 사람들의 생각과 습관이 집단적 표현으로 나타난 것이 문화이며, 이러한 문화가 바뀌지 않는 한 중국에서의 모든 개혁은 용두사미가 된다는 결론에 이르렀습니다. 그의 표현을 빌리자면 '중국인의 병든 정신을 고치는 것'이 중요하다고 생각한 것입니다. 원래 루쉰은 일본에서 유학할 무렵 의사가 되어 아픈 사람을 돕겠다고 생각했습니다. 그러던 어느 날 몸은 건강하지만 정신이 마비된 환자와 마주한 뒤에 진정 중요한 것은 육체의 병이 아니라 정신의 병이라고 결론짓게 됩니다. 그래서 루쉰은 몸을 고치는 의사가 되는 것을 포기하고 정신을 고치는 작가의 길로 들어섭니다.

　루쉰의 대표작인 「아Q정전(阿Q正傳)」(1921)에는 루쉰의 문학적 개성이 잘 담겨 있습니다. 이 소설의 주인공은 정신승리법을 지닌 아Q입니다. 아Q는 시골에서 날품을 팔며 근근이 생계를 꾸리는 사람으로 등장합니다. 가진 재산도 집도 없는 그였지만 자존심만큼은 대단해, 옛날에는 자기도 잘살았다고 떠벌리며 다닙니다. 그런데 그의 현실은 고달픕니다. 툭하면 동네 사람에게 맞고 무시당하며 늘 패배하고 말았습니다. 그럼에도 그는 자기가 승리했다고 생각하면서 즐거워합니다. 정신승리법을 잘 사용했기 때문입니다.

패배를 인정하고 패배한 이유를 꼼꼼하게 되짚어봐야 패배가 되풀이되지 않는데, 아Q는 자신의 패배를 두고 다른 사람 탓을 하거나 망각으로 해소해버립니다. 현실을 직시하지 않았기에 패배에 대한 인식조차 없습니다. 그러다 보니 늘 패배가 반복될 뿐 현실에서의 삶은 조금도 나아지지 않습니다. 결국 그는 절도 혐의로 처형을 당합니다. 루쉰은 아Q의 이런 정신적 특징이 중국인이 지닌 나쁜 민족성을 상징한다고 했습니다. 중국인의 이러한 정신을 바로잡아야 중국에 미래가 있다고 생각한 것입니다. 중국에서 「아Q정전」을 중국 국민의 혼을 그린 작품이라고 말하는 것은 이러한 까닭 때문입니다.

하지만 아Q가 지닌 이런 정신승리법은 아Q만 지니고 있을까요? 요즘 우리 사회에 갖가지 정신승리법 사용법이 유행하는 것만 봐도 정신승리법은 중국인에게만 해당하는 것은 아닌 듯합니다. 루쉰의 작품이 중국인의 국민성, 혹은 근대 중국이라는 시대적 배경을 넘어 오늘날까지 널리 읽히는 이유는 작품 속 아Q처럼 루쉰 소설 속 인물이 지닌 보편적인 모습 때문입니다. 루쉰의 작품이 지닌 의미가 여기에 있습니다. 루쉰의 글은 예리합니다. 그리고 비판적인 내용이 많습니다. 그러한 비판은 중국의 인접국이자 비슷한 문화를 공유하는 한국인에게도 많은 부분 와닿습니다.

『무정』(1917)으로 잘 알려진 우리나라 대표 근대문학 소설가 춘원(春園) 이광수(1892~1950)의 일화도 그런 사례 가운데 하나입니다. 어느 날 어떤 사람이 이광수에게 그의 전기를 쓰고 싶다고 제안했습니다. 이때 이광수는 자신의 전기가 쓸 만한 가치가 있는지 재차 묻고는 이렇게 말했습니다. "나는 아Q같은 바보라오." 아Q와 같은 바보의 전기를 써서 무엇을 할 것이냐는 의미입니다. 이광수는 루쉰과 동시대를 살았습니다. 한문에 능통한 이광수 세대 우리나라 작가는 루쉰 작품 원문을 직접 읽었습니다. 이광수는 루쉰의 대표작 「아Q정전」에 자신의 삶이 투영되어 있음을 발견하고, 스스로를 '아Q 같은 바보'라 비유한 겁니다. 아Q에게서 일제강점기에 바보처럼 살았던 자신의 모습, 노예처럼 살았던 자신의 모습을 발견하고 자책한 것일지도 모릅니다,.

이광수와는 다른 의미로 루쉰을 흠모했던 작가도 있습니다. 역시 일제강점기에 활동한 독립운동가이자 민족저항시인이던 이육사(1904~1944)입니다. 이육사는 20대 초반의 나이에 베이징에서 유학했는데, 이후 20여 년 동안 중국에 자주 오갔습니다. 이육사가 베이징에서 지내던 시기에 루쉰 역시 베이징에서 살고 있었기에 이육사는 루쉰과의 만남을 진심으로 바랐습니다. 이육사는 그의 삶에서도 일제에 대한 저항과 투쟁을 멈추지 않았습니다. 또 양심을 지키면서 자신에게 유난히 엄격한 추상같은 삶을 살았던 것으로 알려졌습니다. 그런 이육사가 이상적인 삶의 본보기로 삼은 인물이 바로 루쉰이었습니다. 어쩌면 이육사는 루쉰을 자기 삶의 좌표라고 생각했을지도 모릅니다.

그러던 이육사는 결국 고대해 마지않던 루쉰과의 만남을 이루게 됩니다. 1932년 6월 18일 중국의 민주 인사 양싱포

(楊杏佛, 1898~1932)가 암살당하고, 그를 조문하기 위해 찾은 장례식장에서 루쉰과 마주치게 된 것입니다. 그때 이육사는 아이돌 스타를 직접 만난 열성 팬처럼 무척이나 감격스러워 했습니다. 하지만 그 만남을 뒤로 오래 지나지 않아 1936년 10월 19일, 루쉰 역시 생을 마감하게 됩니다. 루쉰의 사망 이후 나흘이 지나고, 이육사는 10월 23일부터 27일까지 《조선일보》의 지면을 빌려 루쉰의 삶을 돌아보고 애도하는 「루쉰 추도문」을 5회에 걸쳐 연재했습니다. 이육사는 루쉰 추도문에서 루쉰을 처음 만났을 때를 회고합니다.

> 노신은 R씨로부터 내가 조선 청년이란 것과 늘 한번 대면의 기회를 가지려고 했더란 말을 듣고 외국의 선배 앞이며 처소가 처소인 만치 다만 근신과 공손할 뿐인 나의 손을 다시 한 번 잡아줄 때는 그는 매우 익숙하고 친절한 친구이었다.
>
> -이육사, 「루쉰 추도문」

그런 뒤 이육사는 "그가 벌써 56세를 일기로 상해시 고탑 9호에서 영서(永逝)하였다는 부보(訃報)를 받을 때에 암연 한

줄기 눈물을 지우니 어찌 조선의 한 사람 후배로써 이 붓을 잡는 나뿐이랴.”고 애도하면서, 루쉰을 위대한 문학가라고 호칭합니다. 이렇게 루쉰을 흠모한 이육사는 루쉰의 단편소설 「고향」(1921)을 우리말로 최초 번역하여 1936년 12월호 《조광(朝光)》에 싣는 등 루쉰을 애도하는 행적을 계속 이어갔습니다.

　루쉰은 말년에 상하이에서 살았는데, 그때 상하이에는 우리나라 문인과 지식인, 독립운동가들이 많이 거주하고 있었습니다. 시인 김광균(1914~1993)도 상하이에 살았습니다. 김광균은 1930년대 후반 모더니즘 시 운동을 대표하는 실천시인으로도 유명합니다. 다음은 그가 1947년에 발표한 시 「노신(魯迅)」의 전문입니다.

　　　시를 믿고 어떻게 살아가나

　　　서른 먹은 사내가 하나 잠을 못 잔다.

　　　먼 기적 소리 처마를 스쳐가고

　　　잠들은 아내와 어린 것의 베갯맡에

　　　밤눈이 내려 쌓이나 보다.

무수한 손에 뺨을 얻어맞으며

항시 곤두박질해온 생활의 노래

지나는 돌팔매에도 이제는 피곤하다.

먹고 산다는 것.

너는 언제까지 나를 쫓아오느냐.

노신이여

이런 밤이면 그대가 생각난다.

온 세계가 눈물에 젖어 있는 밤

상해(上海) 호마로(胡馬路) 어느 뒷골목에서

쓸쓸히 앉아 지키던 등불

등불이 나에게 속삭거린다.

여기 하나의 상심한 사람이 있다.

여기 하나의 굳세게 살아온 인생이 있다.

-김광균, 「노신」, 『황혼가』

이 한 편의 시를 통해 김광균이 얼마나 고단한 삶을 살았는지 느낄 수 있습니다. 시인의 삶 자체도 녹록지 않았을 텐데,

더군다나 조국을 잃고 타국에서 지내는 처지였으니 더욱 힘든 시간이었을 것입니다. 김광균은 자신에게 닥친 고난과 힘듦을 '밤'이라는 시어로 표현합니다. 그리고 견디기 힘든 밤의 시간에 '노신' 곧 루쉰을 떠올리면서, '이런 밤이면 그대(루쉰)가 생각난다'고 고백합니다. 그는 '온 세계가 눈물로 젖어 있는 밤'에 시를 믿고 어떻게 사느냐고 절망하기도 하고, 루쉰의 '굳세게 살아온 인생'을 생각하면서 힘든 삶의 시간을 견딘다고 읊조립니다. 김광균에게는 삶의 힘들고 절망스러운 순간을 지탱하는 힘이 루쉰의 작품이자 삶이었던 것입니다.

이육사나 김광균처럼, 일제강점기를 살았던 한국 지식인과 청년들만 루쉰의 글과 사상에 공감하면서 영감과 힘을 얻은 것은 아닙니다. 해방 이후에도 독재로 이어진 어두운 시대를 살던 청년과 지식인에게 루쉰은 어둠과 절망을 견디는 힘을 보여주었습니다. 그들은 출구 없는 시대를 견디는 힘을 발견하면서 루쉰을 읽었습니다.

차례 ────────────────────────────────────

1장

나다움이
만들어갈 미래

같은 사람끼리만 만나면 새로움을 만들지 못하고 풍성해지지 못하며 지속적인 발전과 생존을 할 수 없습니다. 다름을 전제로 하여 조화를 추구하는 게 중요하며, 여기서 한 걸음 더 나아가서 다름에 방점을 두어야 합니다. 조화롭되 다름을 추구하는 것입니다.

루쉰의 작품은 중국과 중국인을 겨냥하여 출발한 건 틀림없습니다. 그럼에도 루쉰의 글과 그의 글에 담긴 사상은 우리 사회의 모습과 마음을 들여다보는 거울이 되기도 합니다. 이는 우리와 중국이 문화나 역사적인 면에서 상통된 부분이 있기 때문입니다. 지금 우리는 루쉰을 통해 우리의 어떤 모습을 비춰볼 수 있을까요?

첫 번째로 살펴볼 주제는 '나다움'입니다. 너무 평범하다고, 또 너무 철학적이라고도 여길 수 있는 주제입니다. 나다움이라는 화두는 우리가 살아가면서 늘 마주하는 고민이자, 자신의 존재감이나 정체성과 연결된 철학적이고 존재론적인 질문이기도 합니다. 예를 들어 회사에서 일을 잘하지 못했을 때, 학교에서 좋은 성적을 받지 못했을 때, 자신이 미울 수도 있고 스스로에게 실망할 수도 있습니다. 이런 마음이 일어나는 이유는 현실에 있는 '나'와 다른 어떤 '나'가, 그러니까 내가 진정 '나답다'고 느끼는 본연의 모습이 내 안에 있기 때문입니다. 우리는 살면서 나답지 않다고 느꼈을 때 깊게 실망하기도 하지만, '그래, 오늘은 나다웠다'는 기분이 느껴질 때에는 어느 때보다 가슴이 벅차고 삶이 충만함을 느끼기도 합니다.

하지만 문제는 어떻게 해야 나다움을 찾을 수 있는지, 무엇이 진정한 나다움인지 알기가 쉽지 않다는 겁니다. 우리에게는 어떤 나다움이 필요할까요? 나다움의 전제 조건은 무엇일까요? 이들 문제를 루쉰의 작품과 생각, 그리고 이광수의 『무정』 등 우리에게 익숙한 소설을 같이 따라가면서 생각해 볼까요?

01

연애에서 찾는 나다움의 모습

나다움을 살피는 첫 번째 키워드는 연애입니다. 다소 엉뚱한 접근이라고 생각할 수 있습니다. 하지만 연애가 본능적인 차원의 감정이라고 생각하면 이야기는 달라집니다. 연애 감정이란 인간이라면 누구나 느낄 수 있는 보편적인 감정이기 때문입니다. 하지만 연애는 나다움을 말할 때 빼놓을 수 없을 만큼 중요한 요소이기도 합니다.

우리는 왜 연애할 때 가슴 가득 충만함과 기쁨을 느끼고, 자신에게 더욱 충실하게 될까요? 여기에는 여러 이유가 있지만, 무엇보다 연애하는 과정에서 나를 발견하고 그 나다움을 상대에게 인정받는 데서 오는 만족과 기쁨이 크기 때문입니다.

여기서 말하는 연애는 본능적인 사랑에 국한되지 않습니다. 사랑하는 대상을 자유롭게 선택하고, 마음의 움직임에 따라 자유롭게 사랑하고, 나아가 결혼 상대를 선택하는 과정으로서 연애를 말합니다.

이런 연애관이 요즘 시대를 사는 이들에게는 당연하게 느껴질 것입니다. 하지만 현대적인 연애관이 당연해진 것도 근대가 시작되고 난 뒤의 일입니다. 근대가 시작되고 연애의 시대도 열린 셈입니다.

물론 근대 이전에도 사람들은 『춘향전』의 이몽룡과 성춘향처럼 연애했습니다. 하지만 자유로운 연애는 그 시대 몇몇에게만 허락되었습니다. 많은 사람이 경험하는 보편적인 일이 아니었지요. 그런데 근대가 시작된 이후 사람들은 연애의 매력에 푹 빠지고 심지어 연애를 목숨처럼 생각하기도 했습니다. 연애의 시대가 열린 것입니다. 근대소설 또한 대부분 자유연애를 다루었습니다. 그래서 근대가 시작될 무렵 부모 세대는 젊은이들이 신소설을 읽지 못하게 막기도 했습니다. 연애 이야기가 태반인 근대소설이 젊은이들을 망친다고 생각한 것입니다.

근대가 시작되면서 사람들은 왜 연애에 푹 빠지고 연애를 중요하게 생각하게 됐을까요? 가족을 버리거나 심지어 목숨을 버릴 정도로 빠져들게 되는 연애의 치명적인 매력은 대체 무엇일까요? 그리고 옛날 어른들은 왜 자식들의 연애를 막으려 했던 걸까요? 그 시대 젊은이들이 열광했던 유명한 연애소설에서 이야기를 시작해보겠습니다. 이광수의 대표작『무정』입니다.

『무정』은 1917년《매일신보》에 연재되었으며 우리나라 최초의 근대소설이자 연애소설로 평가받는 작품입니다.『무정』에서 주인공 이형식은 경성 학교의 영어 교사입니다. 부유한 예수교 교인 김 장로는 딸 선형의 미국 유학 준비를 위해 형식을 가정교사로 고용합니다. 형식이 선형에게 영어를 가르치던 중 김 장로는 형식에게 자신의 사위가 되어 선형과 함께 미국 유학을 가달라고 제안합니다. 형식은 김 장로의 뜻에 따라 선형과 약혼합니다. 그런데 그런 형식이 자신의 약혼자인 선형에게 당시로서는 파격적인 질문을 던지는 장면이 등장합니다.

"선형 씨는 나를 사랑합니까?" 하고는 힘 있게 선형의 눈을 보았다. 선형도 하도 뜻밖의 질문이라 눈이 둥그레진다. 더욱 무서운 생각이 난다. 실로 아직 선형은 자기가 형식을 사랑하는가, 않는가를 생각하여 본 적이 없다. 자기에게는 그런 것을 생각할 권리가 있는 줄도 몰랐다. 자기는 이미 형식의 아내다. 그러면 형식을 섬기는 것이 자기의 의무일 것이다. 아무쪼록 형식이 정답게 되도록 힘은 썼으나 정답게 아니 되면 어찌하겠다 하는 생각은 꿈에도 한 일이 없었다. 형식의 이 질문은 선형에게는 청천벽력이었다.

- 이광수, 『무정』

"선형 씨는 나를 사랑합니까?" 하고 묻는 형식의 질문이 왜 선형에게 '청천벽력'이었을까요? 이미 약혼까지 했고 함께 미국으로 유학까지 떠나기로 한 남자였습니다.

이미 미래를 약속한 사이인데 느닷없이 자기를 사랑하느냐고 물으니, 선형은 적잖이 당황스러웠을 것입니다. 그런데 그 질문이 그녀에게 '청천벽력'인 이유에는 좀 더 깊은 사연이 있습니다.

사실 선형은 자기가 형식을 사랑하는지를 한 번도 생각해본 적 없었습니다. 아버지가 정해준 대로 형식과 약혼하고 형식을 섬기는 것이 당연한 의무라고 생각한 선형입니다. 선형은 자신에게 형식을 사랑할 권리가 있다는 걸, 아니 형식이 아니라 다른 남자 누구라도 사랑할 권리가 있다는 걸 단 한 번도 생각하지 않았습니다. 그저 부모가 정해준 남자를 섬겨야 한다고만 생각했을 뿐입니다. 그런데 갑자기 형식이 그녀에게 스스로 사랑할 권리를 일깨워준 것입니다. 이것이 형식이 던진 질문이 선형에게 마른하늘에 날벼락 같았던 까닭입니다.

　여성에게 결혼은 부모가 정해준 혼처대로 해야 하며, 또 그렇게 맺어진 지아비를 섬기는 것이 당연한 시대였습니다. 그 과정에서 여성은 자기의 감정을 드러낼 생각조차 하지 못했습니다. 형식이 던진 질문은 이러한 시대의 생각에 파문을 일으킨 셈입니다. 이제 사랑은 본능이나 의무가 아니라 내가 누려야 할 권리로 변화했으니 말입니다. 당연하게 생각해오던 것이 당연하지 않다는 걸 알게 되었을 때, 그 순간은 충격적이면서도 가슴이 뛸 것입니다. 소설에서 선형도 마찬가지입니다.

연애가 근대 문학의 단골 주제로 등장하고, 많은 사람이 연애소설을 읽으면서 흥분하고 신열에 들떴던 이유도 이 때문입니다. 근대의 연애소설은 단순한 연애 이야기가 아니라 나를 의무 주체에서 권리 주체로 깨어나게 하는 주체 선언이자 자아의 독립 선언이었던 셈입니다. 그런 의미에서 보면 연애소설은 어른들이 보기에 불길할 수 있습니다. 새로운 세대가 자신의 권리를 감각적으로 깨닫는 데 중요한 역할을 하기 때문입니다. 연애소설에는 사랑 이야기를 넘어 내가 누구인지에 관한 진지한 질문이 담겨 있습니다. 사랑할 권리에서 시작된 물음은, 늘 의무를 생각했던 개인이 권리를 인식하고, 외부에서부터 스스로를 향해 시선을 옮기는 데 크게 이바지합니다.

루쉰의 소설 중에서도 젊은 남녀의 연애를 담은 작품이 한 편 있습니다. 수기 형식을 빌린 짧은 소설 「애도(傷逝)」(1925)에는 젊은 연인이 등장합니다. 요즘으로 치자면 대학생이라 할 수 있는 두 사람은 같이 책을 읽고 토론을 하면서 새로운 사상을 접하고 새로운 세상을 꿈꿉니다.

생각을 나누고 사랑을 나누던 두 사람은 어딘가 곱지 않은 주위의 시선을 무릅쓰고 소꿉 살림 같은 동거를 시작합니다. 사실 동거는 지금도 일상적인 일이 아닌데, 루쉰이 활동했던 1920년대 당시 통념을 고려했을 때에는 더욱 쉽게 허락되지 않았을 것입니다.

「애도」는 화자가 되는 나 쥐안성(涓生)과 그의 연인이던 쯔쥔(子君)이라는 여성에 대한 이야기입니다. 두 사람은 새로운 사상을 접한 뒤 새로운 세상을 그리며 자기 정체성에 대해서 이전과는 다른 생각을 하게 됩니다. 서로 사랑한 두 사람이 동거하기로 하고 함께 살 집을 찾으러 다닐 때, 사회 통념을 거스르는 젊은 커플에게 세상은 녹록지 않습니다. 따가운 시선은 물론이며 세를 구하기도 어려웠습니다. 그때마다 쥐안성은 지레 주눅이 들곤 합니다. 하지만 쯔쥔은 주변의 시선 따위에 아랑곳하지 않습니다.

동거를 시작하기에 앞서 그녀는 이미 숙부와 살던 집을 나와 있었고 관계 또한 끊은 상태였습니다. 사실상 아버지와 결별한 것이고 아버지의 소유 대상에서, 아버지에게 의무를 다하는 대상에서 벗어나 자기 자신의 삶을 살겠다고 결심한 뒤

였던 것입니다. 그녀는 분명하고도 단호하게 "나는 나 자신 것이에요. 다른 누구도 나를 간섭할 권리가 없어요." 하고 말합니다.

나는 부모의 것이 아니라 나의 것이며 내가 내 삶의 주인공이라고 믿는 것, 자신이 수행해야 했던 의무보다 자신의 권리를 먼저 생각하는, 이러한 변화의 계기는 연애와 깊게 연결되어 있습니다.

근대에 유행한 연애 소설은 단순한 사랑 이야기가 아니라 근대에 등장한 새로운 인간에 관한 이야기였습니다. 즉 나는 누구인지, 나다움은 어디서 오는지에 관한 이야기인 셈입니다. 우리가 청소년기에 처음 연애할 때 자신이 부쩍 성장한 것처럼 느끼듯이, 연애는 나라는 사람을 한 사람의 주체로 각성시키는 효과를 내곤 합니다.

유교문화, 집단주의와 더불어 농경문화 영향까지 강한 사회에서는 다른 사람과 맺는 관계 속에서 내가 누구인지를 찾습니다. 그리고 그런 관계 속 내가 당연히 해야 할 의무를 통해서 나라는 존재를 규정하곤 합니다. 과거에만 그런 것이 아니라 지금도 마찬가지입니다. 나를 '나의 나'가 아니라 '다른 누구와 관계 속의 나'라고 생각하는 것이지요. 김광규(1941~)의 시 「나」(1979)라는 작품은 그런 우리 모습을 잘 보여줍니다.

이 시는 비슷한 형식의 구절이 꽤 길게 반복됩니다. '나'를 규정하는 과정에서 내 아버지의 아들이자 내 아들의 아버지이며, 또 내 형의 동생이자 내 동생의 형이고, 내 아내의 남편이자, 내 누이의 오빠임을 밝히며 반복되는 구절을 통해 소개합니다. 그리고 이러한 표현 방법은 시가 전달하려는 핵심 메시지이기도 합니다.

시의 화자인 '나'의 자리에 한번 스스로를 대입해보길 바랍니다. 가정에서 나는 누군가의 어머니이거나 아버지이고, 누군가의 며느리이거나 사위입니다. 또 누군가의 형제이거나 자매일 것입니다. 그리고 사회에 나가서는 누군가의 상사이자 누구의 부하이고…… 이처럼 끊임없이 나를 둘러싼 관계를 확인해 가면서 자기 자신을 정의할 수 있습니다.

그런데 시인은 다양한 관계를 통해 내가 누구인지, 즉 나의 정체성을 이야기하다가 결국 시의 마지막에는 질문을 던지고 있습니다. 나는 무엇이고 또 지금 여기 있는 나는 누구냐는 질문을 말입니다.

시의 화자는 자신에게 내가 누구인가, 나다움이 무엇인가 묻습니다. 현실에서 규정되는 온갖 관계 속에서의 내 모습에 의문을 가지고, 진정한 내 모습이 무엇인지를 묻는 것입니다. 과연 나는 어떠한 관계 속에서만 의미 있는 존재인지 회의감을 느끼기 때문입니다. 이런 의문과 회의는 자신의 존재 의미를 되돌아보는 실존적 질문입니다. 결국 이 시는 우리에게 존재에 관한 성찰을 권합니다.

한편 김광규 시인이 던진 질문에 명쾌하게 대답하는 시가 있습니다. 이 시에서 화자는 나는 다른 사람의 누구도 아니고, '나는 나'라고 선언합니다.

나는 천구(天狗)

나는 달을 삼키고

나는 해를 삼키고

나는 모든 별을 삼키고

나는 온 우주를 삼킨다.

나는 바로 나다.

(중략)

나는 바로 나다.

나의 나가 터지려 한다.

- 궈모뤄(郭沫若), 「천구(天狗)」

궈모뤄(1892-1978)는 중국의 작가이자 시인이며, 철학자이자 사상가이기도 합니다. 루쉰과 같은 시대에 살았고, 문학 활동을 했습니다. 그의 시 「천구(天狗)」(1920)는 제목의 한자 그대로 '하늘의 개'를 의미합니다. 하늘의 개라니, 그 의미를 짐작하기 어려운 말입니다.

오늘날처럼 과학기술이 발전하기 이전에 중국에서는 일식이나 월식을 두고, 하늘에 사는 개(천구)가 해와 달을 덥석 베어 물어서 일어나는 현상이라고 여겼습니다. 그러니까 천구는 당시 중국인들에게 천문 현상에 관여하는 초월적인 존재를 의미했던 것입니다.

그렇다면 궈모뤄의 시에서 '나'를 '천구'에 비유하는 상황이 의미하는 바는 무엇일까요. 시 속 화자는 하늘에서 사는 개입니다. 그리고 달과 해를 베어 뭅니다. 물다 뿐일까요, 모든 별을 삼키고 온 우주까지 삼켜버립니다.

온 우주를 품은 하늘의 개의 기분은 얼마나 충만하고 기쁠까요? 마침내 시의 화자는 탄성을 내뱉듯 말합니다. '나는 바로 나'라고 말입니다.

앞서 살펴본 시 「나」와 비교하면 더욱 뚜렷한 차이를 엿볼 수 있습니다. 나는 누구의 나이고, 또 누구누구의 나라고 반복하듯이 나열했던 김광규의 시와는 다르게 귀모릭는 '나는 바로 나'라고 명쾌하게 밝힙니다.

이것은 자아의 독립선언이라고 할 수 있습니다. 나는 다른 누구와의 관계 속에서 의미가 정해지는 존재가 아니라 그저 '나의 나'라고 선언하는 것입니다. 그 결과로 나의 나가 터지려 하는 상황까지 벌어집니다.

여기서 특히 '터지려 한다'는 표현에 주목해야 합니다. 만약 내가 다른 누군가의 나로서 그저 다른 사람과 맺는 관계 속에서만 나의 의미를 찾는다면, 아마도 터질 것 같은 그 상황에는 이르지 않을 것입니다. 나를 설명하는 과정에서 다른 대상을 통해 설명하는 내가 아니라, 오직 '나의 나'라고 느끼는 순간……. 기쁨이 차오르고 에너지가 충만하게 채워지다 못해 터져버릴 것 같은 벅찬 감정을 경험하게 됩니다.

근대 이전에는 다른 사람과의 관계에서의 나를 중요하게 여겼습니다. 다른 사람을 위한 의무 속에서 나의 의미를 찾을 뿐이었습니다. 하지만 근대 이후의 삶에서 가장 중요한 화두는 '나는 누구인가?'가 되었습니다. 그리고 '나'는 내 삶의 권리를 가진 주체로 새롭게 정의되었습니다. 의무 주체에서 권리 주체로 전환이 이루어진 셈입니다.

만약 누군가가 '너는 누구냐?'라고 질문을 던졌다면 근대 이전 사람들은 자신을 가리켜 '의무를 다하는 사람', 즉 자식으로서 혹은 부모로서, 직장인으로서 자신에게 주어진 관계 속 의무를 성실하게 수행하는 사람이라고 답했을 것입니다. 그것이 사회적 통념이었습니다.

그러나 근대 이후의 사람들은 나를 규정하는 데 있어 '다른 대상의 나'가 아니라 '나의 나'라고 외치기 시작했습니다. 자신의 의미를 스스로에게서 찾는 자기 규정적 주체가 탄생한 것입니다. 그렇게 권리를 가장 중요하게 생각하는 주체가 태어났습니다.

근대 이후에 내가 나의 나이고 권리의 주체라는 생각은 자유주의 이념과 더불어 빠르게 퍼졌습니다. 이런 생각은 사람들이 살아가는 동안 많은 억압에서 벗어나게 해주고 자유를 가져다주었기에 인류 역사의 진보를 상징합니다. 이를 통해 삶의 행복도도 높아졌습니다.

하지만 세상 모든 일에는 빛과 그늘이 함께 있기 마련입니다. 이렇게 자신을 권리 주체로 생각하면서 권리를 제일로 생각하는 의식과 자유의식이 결합하면서 공동체적 가치를 위협하는 일이 일어나기도 했습니다. 개인의 권리와 자유의식은 강해졌지만, 공동체와 타인에 대한 의무 관념은 약해지면서 새로운 문제가 나타나기도 한 것입니다.

예를 들어 코로나19가 유행할 무렵 세계 여러 곳에서는 마스크 착용을 강제하는 것을 둘러싸고 논란이 일어났습니다. 여러 국가와 많은 사람이 마스크 착용을 강제해야 한다고 생각했습니다. 개인의 건강만이 아니라 다른 사람의 건강을 지키는 일도 공동체의 일원으로서 개인이 지녀야 할 시민의 공덕(公德)을 상징한다고 생각하기 때문이었습니다. 하지만 한편에서는 마스크 착용을 강제하는 것은 개인의 자유와 권리를 침해하는 일이라고 주장하면서 반대하는 사람도 많았습니다. 무엇보다 자기 결정의 자유를 강조했던 이들의 주장은 기본적으로 권리의 주체로서 자아를 강조하는 근대적인 사고와 관련이 있습니다. 권리와 자유의 주체로서 개인의 가치를 제일 중요하게 생각하면서, 이것을 제한하는 것은 인간의 자유와 권리를 억압한다고 생각하는 것입니다. 나의 자유와 권리에 대한 강조가 거의 신앙의 수준이 되어 극단에 이른 경우입니다.

근대 인간을 탄생시킨 권리의식, 자유의식은 현대에 이르러 더욱 극에 이르고 있습니다. 전통 시대에는 다른 사람의 나만 있고, 나의 나가 없었습니다. 하지만 지금은 나의 나를 강하게 주장하면서 때로는 나의 나만 있기도 합니다. 공동체와 다른 사람과의 조화를 위해서 타인과 관계 속에서 나를 생각하는 게 어려워지고 있습니다. 사람의 역사라는 차원에서 보자면, 전통 시대 인간관이 하나의 극단적인 편향이었다면, 지금 우리의 인간관도 또 다른 극단적 편향은 아닌지 되돌아볼 필요가 있습니다.

나의 나를 추구하고 나의 권리와 자유를 추구하면서도 우리가 공동체의 일원이라는 사실을 명심해야 합니다, 공동체를 위해서 지켜야 할 의무를 지키고 시민적 공덕을 발휘하는 일이야말로 우리 시대의 나다움을 추구하는 사람들의 과제입니다.

02

나다운 생각이 사회의 변화를 부른다

나다움을 찾기 위해서는 스스로를 다른 누군가의 내가 아니라 '나의 나'로 여기는 것이 중요합니다. 여기서 루쉰의 생각을 더 살펴보고자 합니다. 그는 세상을 바꿔 이롭게 만들기 위해서는 사람을 바로 세우는 일, 즉 '입인(立人)'이 중요하다고 생각했습니다. 그리고 사람을 바로 세우기 위해 가장 중요한 일은 무엇보다 나다움을 찾는 것이라고 했습니다. 사람이라면 나다움을 찾아야 하고, 사람을 바로 세울 때 나다움을 지니게 되며, 나다움을 지닌 사람이 많아야 비로소 사회가 바로 서게 된다는 것입니다. 그렇다면 루쉰이 말하는 나다움이란 무엇일까요? 이광수의 소설이나 궈모뤄의 시에 나온 것처럼 자신을 나의 나라고 생각하는 권리주체가 나다움을 지닌 사람일까요?

루쉰은 나다움의 조건으로 나만의 생각이 중요하다고 했습니다. 자신만의 생각이 있어야 하고, 주체적인 생각을 바탕으로 행동할 때 나다움이 생긴다는 것입니다. 루쉰은 나다움을 찾는 것과 관련하여 이렇게 말합니다.

> 한 개인의 사상과 행동은 반드시 자기를 중심으로 삼고 자기를 끝으로 삼아야 한다. 즉 '나다움(我性)'을 확립하여 절대적인 자유인이 되어야 한다.
>
> — 루쉰, 「문화 편향 발전론(文化偏全論)」, 『무덤(墳)』

'아성'이란 '나'를 뜻하는 아(我)와 본성이나 성질, 본바탕을 뜻하는 성(性)으로 이루어진 단어로, '나다운 성질'이라고 풀이할 수 있습니다. 위의 인용에서 루쉰이 강조하는 것은 두 가지입니다. 하나는 나다움이 중요한 이유로, 나다움이 있어야 자유인이 될 수 있다고 이야기합니다. 다른 하나는 사상과 행동에서 자기를 중심으로 삼으라는 것입니다.

이는 생각과 행동을 할 때에 다른 사람을 중심으로 두지 말라는 의미입니다. 이는 남의 생각과 행동을 그대로 따라서 생각하고 행동하지 말라는 뜻이자, 어떤 일을 결정하고 행동할 때 자기 생각과 판단을 따라야 한다는 것을 의미합니다. 그래야만 나다움이 있고 진정한 자유인이 된다고 루쉰은 말합니다. 그가 말하는 '생각과 행동에서의 나다움'을 이해하기 위해 조금 더 살펴보도록 할까요?

> 만약 사람들이 떼를 지어 모여서 많은 입으로 똑같이 울어댄다면, 그리고 그 울음소리도 자신의 마음을 헤아리지 않고 단지 다른 사람을 따라서 기계처럼 낸다면 바람에 흔들리는 나뭇잎 소리와 새소리가 시끄러워 견딜 수 없다고 하더라도 그와 같지는 않을 것이다. 이렇게 되면 슬픔은 배가 될 것이며 적막 또한 심해질 것이다.
>
>   - 루쉰, 「악의 소리를 타파하라(破惡聲論)」,
>
>   『집외집습유보편(集外集拾遺補編)』

소리가 자기 자신에게서 나오고 각자가 자기 자신에게로 돌

아갈 때 사람들은 자기됨을 지니기 시작할 것이고, 사람들이 자
기됨을 갖게 될 때 사회의 큰 각성이 가까워진다.

　　　　　　　- 루쉰, 「악의 소리를 타파하라」, 『집외집습유보편』

　위의 두 편의 글에서 루쉰은 '소리'를 강조합니다. 그리고
소리는 자기 자신에게서 나와야 한다고 말합니다. 여기서 소
리는 말(言)을 가리킵니다. 말이 자기 자신에게서 나와야 하
고 생각과 행동 또한 자신에게서 나와야 한다는 뜻입니다. 그
런데 곰곰이 생각해보면 석연치 않은 점을 발견하게 됩니다.
루쉰은 우리가 일상에서 말하고 생각하고 행동하는 것이 자
신의 말이나 생각, 행동이 아니라고 본 것입니다. 우리의 말과
생각, 행동이 우리 자신의 것이 아니라면 도대체 누구의 것이
란 말일까요?
　루쉰은 우리의 말과 생각, 행동이 나의 입에서 또 머리에서,
즉 나의 신체를 통해 표현된다는 점에서 볼 때는 나의 것이지
만, 더욱 깊이 따지고 보면 진정한 내 것이 아니라고 생각했습
니다. 다른 사람을 그대로 따라서 말하고 생각하고, 행동하는
일이 많다고 보았던 것입니다. 루쉰은 기계적으로 다른 사람

을 흉내 내는 행동을 비판했습니다. 위 인용문에서 말하듯 많은 사람이 모여서 하나의 목소리를 낼 때에, 그저 주위 사람들에 휘둘려 내는 일률적인 소리라면 그 소리는 그저 악의 소리일 뿐이라고 비판했습니다.

루쉰이 다수의 목소리와 생각을 따르지 말고 자신의 목소리와 생각을 지녀야 한다고 말하는 이유는, 그가 대중사회의 여론 형성에 맞서 자기 생각과 목소리를 지닌 깨어있는 개인을 염원했기 때문입니다. 오늘날에는 사회관계망 서비스가 발달하면서 사람들은 쉽게 무리를 짓고 집단을 이룹니다. 많은 이들이 정치적 견해에 따라서, 생각이나 취미, 좋아하는 음식 혹은 자기가 좋아하는 연예인을 따라서 무리를 짓고 집단을 이룹니다. 그런데 처음에는 자기 생각에 따라 집단에 참여한 사람도 시간이 지날수록 주체적인 사고가 정지되고, 자신이 속한 집단의 목소리와 생각에 이끌리는 일이 생기곤 합니다. 어느덧 사람들이 만들어내는 '한목소리'를 따라 외치게 되는 것입니다. 이 과정에서 자신만의 사고 관념은 점점 집단 속에 묻혀 사라지게 됩니다.

무리 속에서 살아야 하는 인간에게 가장 큰 공포는 집단에서 배척당하는 일일 것입니다. 하지만 그 공포 때문에 다수에 맞춰 자신의 생각과 목소리를 잃어버리고, 결국 자신을 포기하면서 사는 것 또한 비극입니다.

그렇다면 루쉰은 다수를 무조건 불신하고 비판했던 것일까요? 그렇지 않습니다. 그는 우리가 집단 속에서 주체적인 생각과 목소리를 잃어버리는 데는 물론 집단의 탓도 있으나, 개인이 관습에 젖어 사고하면서 스스로 질문하지 않은 탓도 크다고 봅니다. 과거부터 오랜 시간 동안 굳어진 방식을 맹목적으로 옳다고 생각하고 그 믿음을 의심하지 않는 데에 원인이 있다는 것입니다.

그가 다수 의견을 따르는 것을 무조건 반대하는 것은 아닙니다. 그저 개인의 주관을 강조할 뿐입니다. 이는 한 시대를 지배하고 사회에서 주류를 이루는 이들이 하는 말과 생각, 행동을 아무 저항 없이 받아들이지 말자는 제언이기도 합니다. 세상의 주류가 된 행동과 사고방식을 비판적으로 바라보고 판단할 능력이 있어야 진정한 나다움을 만날 수 있고, 그럴 때 진정한 자유인이 될 수 있고, 나아가 사회가 발전한다고 강조했던 것입니다.

루쉰이 말하는 나다움을 찾는 과정이 잘 나타난 소설이 있습니다. 루쉰의 대표작 가운데 하나인 「광인일기」(1918)입니다. 이 소설은 제목 그대로 '미친 사람'이 쓴 일기를 옮겨놓은 것입니다. 이야기의 표면적인 흐름만 보면 주인공은 분명 미친 사람임이 틀림없습니다. 그런데 소설의 심층적인 의미를 파고들면 다르게 보입니다. 주인공은 진짜 미친 사람이라기보다는 동네 사람들에게 미친 사람 '취급'을 당하고 있습니다. 동네 다수 사람과 생각이 다른 사람, 다른 사람이 생각하지 못한 것을 생각하는 사람이라는 의미에서 이단자라 할 수 있습니다.

　주인공은 어떤 사연으로 미친 사람 취급까지 당하게 되었을까요? 소설의 줄거리를 따라가며 살펴보겠습니다. 주인공인 '광인'이 30년 동안 제정신으로 살지 못하다가 30년 만에 비로소 맑은 정신을 찾아 거리로 나서는 장면에서 이야기가 시작합니다. 그런데 그를 향한 사람들 시선이 어쩐지 심상치 않습니다. 그를 이상하게 쳐다보면서 두려워하고 적대적으로 바라봅니다. 그로서는 사람들이 왜 자신을 그렇게 쳐다보는지 이유를 알 수 없습니다. 그래서 그 이유를 알기 위해서 잠도 자지 못하고 생각에 잠깁니다.

결국 그는 "모든 일은 연구를 해야 알 수 있는 법"이라는 결론에 이르러 그날부터 역사책을 뒤지기 시작합니다. 역사책의 거의 모든 장에는 '인의도덕(仁義道德)'을 강조하고 있음을 발견합니다. 즉 역사의 흐름이 어질고 정의롭고 도덕적으로 이어졌다는 것입니다. 그런데 그는 이 내용에 의심을 품게 됩니다. 내가 살아온 모든 역사가 어질고 정의롭고 도덕적일까 하고 말입니다. 의심을 떨치지 못한 그는 역사책을 자세히 들여다보고 연구합니다.

우리는 보통 역사책에 쓰여진 내용을 그대로 진실이라고 믿어버립니다. 그런데 광인은 그렇지 않았습니다. 그는 역사책에 쓰인 내용이 진실인지 의심하고 또 의심합니다. 그리고 의심을 풀기 위해서 다시 역사책을 꼼꼼히 들여다봅니다. 그 순간, '인의도덕'이 빼곡하게 채워진 글 사이에서 다른 글자 '식인(吃人)'을 발견하게 됩니다. 어질고 정의롭고 도덕을 내세운 역사지만 그 이면에 식인의 역사를 품고 있던 것입니다. 그가 역사의 숨겨진 이면을 발견한 순간인 셈입니다.

역사는 광인이 사는 세상이 정의로우며 도덕적인 사회라고 포장해왔습니다. 사회의 구성원 다수 역시 그렇게 믿고 살아왔습니다. 그런데 그게 역사의 참모습이 아니었습니다. 어질고, 정의롭고, 도덕적이라고 포장한 역사는 사실, **사람을 잡아먹는 식인의 역사였다는 것을**, 자기가 사는 세상의 진실과 부조리를 발견한 것입니다. 실제로 주인공이 사는 세계는 정의와 도덕으로 포장되어 있었지만, 그 이면에서 서로 잡아먹고 먹히는 식인 세계였습니다. 사실 이런 일은 우리 **사회에서도** 비일비재합니다. 어떤 사회나 집단을 아무리 화려하고 아름다운 말로 포장하지만 실상은 너무도 비인간적인 조직인 경우가 많습니다.

그렇다면 주인공 광인은 어떻게 자신이 속한 사회의 부조리를 감지하게 된 걸까요? 주인공은 주변에서 일어나는 사소한 것을 놓치지 않고 그것이 지닌 의미를 깊이 생각했습니다. 길을 가는데 사람들이 자신을 이상한 눈초리로 쳐다보는 것을 인식하고 그 이유를 알기 위해 역사책을 뒤지기 시작했습니다. 그뿐만 아니라 역사책에 적혀 있는 생각과 말을 그대로 받아들이지 않고 의심했습니다. 의심하면서, 밤을 새워 생각했습니다. 소설 속 표현으로 말하자면 '모든 일은 연구를 해야할 수 있는 것'이라며 연구하고 고민했습니다. 이 과정을 통해서 자신이 사는 세상의 참모습을 발견한 것입니다. 세상이 정의롭고 도덕적이라고 말하는 위정자들에 맞서 이 세상이 사람을 잡아먹는 일까지도 서슴지 않는 식인 사회임을 광인은 발견합니다.

세상에 유행하는 생각과 말이 꼭 진리라는 보장은 없습니다. 많은 사람의 생각이 그러하고 또 그렇게 말한다고 해서, 더구나 권력자나 언론에서 내세우는 말들이 모두 진리는 아닙니다. 오히려 교묘하게 꾸며낸 포장이거나 진실이 가려진 생각과 말일 수 있습니다. 그게 지배 이데올로기라면 권력의 지배를 정당화시키기 위한 알리바이일지도 모릅니다. 하지만 우리는 사고의 관습에 빠지거나 다수의 생각을 따르는 것에 익숙합니다. 또는 지배 이데올로기에 사로잡혀 세상의 진실을 제대로 보지 못하는 경우가 있습니다.

그런데 「광인일기」의 주인공은 달랐습니다. 의심하고 깊이 생각했습니다. 그래서 세상의 진실을 발견할 수 있던 것입니다. 나아가 다른 사람과 다르게 세상을 보는 자기만의 생각과 말이 생겼습니다. 반면 동네 다른 사람은 다들 예전부터 살아온 대로 살았고, 늘 그렇게 생각했습니다. 관습적으로 생각하고 행동한 것입니다.

소설에서 자신이 사는 세계가 사실은 식인 세계라는 것을 발견한 주인공이 다른 사람들에게 이제 식인을 그만하라고, 인간적인 세계에 살자고 설득하는 장면이 그려집니다. 다음은 그 과정에서 주인공이 자기 집에 찾아온 이웃 청년과 나누는 대화입니다.

"사람을 잡아먹는 것이 옳은 일이야?"

그가 계속 웃으며 말했다.

"흉년도 아닌데 왜 사람을 잡아먹어요?"

나는 바로 알아차렸다. 이자도 한패로 식인을 즐긴다는 것을. 그래서 더욱 용기를 내어 따지듯 물었다.

"옳다는 거야?"

"그런 건 뭐하러 묻고 그러세요. 당신도 정말 …… 농담도 잘하시네요. …… 오늘은 날씨가 참 좋네요."

날씨도 좋고 달빛도 아주 좋았다. 하지만 나는 기어이 물었다.

"옳다는 거야?"

그는 그렇게 생각하지 않는지 얼버무리며 대답했다.

"아니요⋯⋯."

"옳지 않다고? 그런데 그들은 왜 먹는 거지?"

"아닐 텐데요⋯⋯."

그러자 광인이 따진다.

"아니라고? 랑즈춘(狼子村)에서는 지금도 먹는데, 책에도 그렇게 쓰여 있고, 온통 붉은 글씨로 선명하게."

그의 안색이 납빛으로 변하더니 눈을 부릅뜨며 말했다.

"그랬을 수도 있지요. 옛날부터 그래왔으니까요⋯⋯."

"옛날부터 그래왔다고 해서 옳단 말이야?"

- 루쉰, 「광인일기」, 『외침(呐喊)』

두 사람의 대화가 의미하는 바는 무엇일까요? 주인공과 이웃 청년 사이에, 그러니까 주인공과 사람들 사이에 어떤 생각의 차이가 있는지 위의 대화를 통해 알 수 있습니다. 다른 사람들은 여기 청년처럼, '옛날부터 그래왔으니까, 다들 그래왔으니까' 그렇게 생각하고, 그렇게 행동하면서 사는 사람입니다. 물론 그 생각과 행동이 옳고 그른지 고민조차 해보지 않았습니다. 그런데 그런 청년에게 광인은 옛날부터 쭉 그래왔다고 해서, 그게 옳은 일이냐고 따져 묻습니다.

사회의 다수가 지내는 방식이라서, 옛날부터 쭉 지내온 방식이기 때문에 그 생각과 행동이 옳은지 그른지를 판단하지도 않은 채 그대로 살아가는 일은 우리 사회에서도 많습니다. 그래서 광인이 사는 사회에서도 사람이 사람을 잡아먹는 야만적인 문화가 계속되었던 것입니다. 다른 이의 생각과 세상 관습에 젖은 채 기계적으로 따라 산 것의 발로입니다. 결국 자기 생각과 말이 없어서, 루쉰이 강조하는 진정한 나다움이 없었기 때문이라고 생각할 수 있습니다.

결국 개인이 나다움을 지니는 것이야말로 사회를 새롭게 바꾸는 출발점이 되는 것입니다. 나다움은 그저 그런 세상이 아니라 새로운 세상을 만드는 초석입니다. 루쉰이 생각과 말, 행동에서 나다움을 지닌 사람이 많아야 사회에 큰 각성이 이루어진다고 강조한 것은 이 때문입니다. 생각에서 나다움을 찾는 것이 중요한 이유입니다.

우리는 늘 습관 속에서 살아갑니다. 하루하루 평범한 일상은 습관의 연속이라고 해도 지나친 말이 아닙니다. 이런 습관은 같은 시간에 커피를 마시고, 같은 길로 출퇴근하고, 같은 오락을 즐기는 등 우리의 행동에서만 찾을 수 있는 게 아닙니다. 생각에도 있습니다. 이른바 생각의 습관이 미치는 영향은 무척 큽니다. 생각의 습관은 개인을 넘어 집단적인 생각으로 발전하며, 사회의 관습으로까지 연결됩니다. 관습에 젖어 그 안에서만 살아가는 사람에게는 변화와 발전이 없습니다.

조직이나 사회도 마찬가지입니다. 옛날부터 쭉 그래왔다는 생각의 관습을 무엇보다 경계해야 합니다. 집단적인 생각의 관습을 의심하면서, 그것이 정말 옳은 것인지를 깊이 고민하고 또 질문을 던져야 합니다. 이렇게 질문하는 사람이 많을 때, 나다움을 찾는 사람이 많을 때 사회가 건강하게 발전한다고 루쉰은 말합니다. 이것이 루쉰이 말하는 진정한 자유인이 되는 길입니다.

03

같음이 아닌 다름에 희망이 있다

「광인일기」의 주인공은 다른 사람들이 미처 깨닫지 못한 세상의 진실을 발견하고 바른말을 한 대가를 혹독하게 치릅니다. 광인을 제외한 다른 사람들 모두는 그냥 좋은 게 좋다고 생각하고 살아왔습니다. 다수 사람이 하는 대로 생각하고 행동하는 사람들에게 광인은 눈엣가시 같은 존재였습니다. 결국 광인은 그가 속한 사회에서 따돌림을 당합니다. 동네 사람은 물론이고 형에게도 미친 사람 취급을 당하고, 방에 갇히기도 합니다. 광인이 한 말이 모두 진실이었고, 사람들에게 현실을 일깨워주었는데도 따돌림은 계속됩니다. 사실 이런 일은 우리 삶에서도 일어납니다. 「광인일기」는 중국 사회가 배경이지만 지금 우리 사회에서도 소설에서와 같은 일이 자주 일어나곤 합니다.

왜 그럴까요? 소설 속 마을 사람들은 지배 이데올로기에 완전히 사로잡혀서 그게 아니라고 말하는 사람을 전혀 이해하지 못합니다. 진실이 통하지 않습니다. 그들이 이미 특정 시대 이념의 노예가 되었기 때문입니다. 지금 세상이 정의롭고 도덕적이라고 하는 위정자나 권력자의 말이 사실은 거짓말이고, 지금 세상이 감추고 있는 본모습 식인 세계라는 사실을 깨닫지 못합니다. 그 진실을 받아들이려고도 하지 않습니다. 오히려 진실을 말하는 사람을 미치광이 취급하거나 따돌립니다.

이는 사회를 구성하는 사람들 다수가 잘못된 인식에 빠져 있을 때 나타나는 현상입니다. 교주의 말을 절대 진리로 받아들이는 사이비 종교 단체에서나 일어날 법한 일이지만, 우리 사회 곳곳에서, 직장이나 단체 등에서도 찾아볼 수 있는 현상입니다. 사고의 관습에 젖어든 곳이라면 어디에서나 일어나는 일입니다.

여기에는 문화적 요인도 있습니다. 특히 집단주의 문화가 강한 사회나 조직에서의 특징이기도 합니다. 중국이나 일본, 우리 사회가 바로 그렇습니다. 동아시아 집단주의는 가족문화의 형태로 나타나기도 합니다. 그래서 회사든 조직이든, 나아가서는 나라까지도 가족의 연장으로 생각합니다. 황제나 임금, 국가 주석, 수령, 대통령, 천황 같은 국가 최고 리더를 아버지처럼 생각하는 가족주의적 전체주의 심리 또한 쉽게 발견할 수 있습니다. 회사도 범가족주의 형태를 띠는 일이 많습니다. 회사 대표를 아버지처럼 생각하고 구성원을 가족이라고 말합니다. 회사나 조직의 공적이고 사회적 관계도 마치 집안 형제의 서열처럼 나이순에 따라 형님, 언니, 동생 관계로 쉽게 치환됩니다. 사회가 유사 가족의 형태를 지니는 것입니다.

우리 사회에서 유난히 회식이 잦은 것도 이런 문화의 영향 때문입니다. 우리는 가족을 지칭하며 식구라고 부르기도 합니다. 같이 먹는 사람이 가족이라는 뜻입니다. 누군가와 함께 밥을 먹는다는 것은 식사 시간을 공유한다는 차원을 넘습니다. 밥을 같이 먹는 것은 서로 관계를 맺고, 조화를 추구하기 위한 출발점이 되기 때문입니다.

같이 일하는 동료를 뜻하는 중국어인 '화반(伙伴)'도 같은 관점으로 살필 수 있습니다. 먼저 '화' 글자를 떼어 살펴보면, 사람 인(亻) 변에 불 화(火) 자가 함께 있습니다. 그리고 '반'이라는 글자는 동료를 의미합니다. 불을 가운데에 두고 사람이 모여 있는 모양입니다. 동아시아 문화에서는 형제끼리 내 것이니 네 것이니 따지지 않고 서로 주고받는 게 당연하다고 생각합니다. 이는 같은 엄마의 젖을 먹고 자랐기 때문입니다. 또 같은 동네 출신끼리 친한 것은 같은 동네 우물물을 먹었기 때문이라고 생각합니다. 같이 먹는다는 것은 단순한 행위 이상으로 중요한 문화적 의미가 있습니다.

이런 문화를 요즘으로 치면 어떻게 설명할 수 있을까요? 회식 문화와 비슷하다고 볼 수 있습니다. 동료란 '같이 먹는 사람'이라는 의미이며 우리 사회의 회식 문화 또한 여기에서 유래합니다. 동아시아 문화에서 회식이란 단순히 음식을 섭취하는 자리가 아니라 같은 것을 함께 먹으면서 하나라는 것을 확인하는 제의입니다. 서로 가족 같은 관계라는 것을, 가족 같은 관계여야 한다는 것을 다짐하는 의례의 자리입니다. 점심을 같이 먹었으면서도 저녁에 회식이라는 이름으로 다시 모이고, 누가 회식에 빠지기라도 하면 조직 생활에서 문제가 있는 사람으로 몰아세우는 것은 이 때문입니다.

가족주의 문화가 강한 사회와 집단, 조직에서 조직을 지배하는 최고 윤리는 화합입니다. 개인에게 중요한 덕목 역시 최고 지도자와 리더, 그리고 다수의 생각을 따르는 겁니다. 공자는 가족주의 윤리를 사회와 국가로 확대할 때 세상이 바르게 되고 안정이 된다고 보았습니다. 그 바탕에 범가족주의 사상이 깃든 것입니다.

이런 범가족주의 사회에서 가장 중요하게 생각해야 할 행동 덕목이 무엇일까요? 공자는 사람끼리 모여 사는 데 필요한 최고의 가치로 '화위귀(和爲貴)', 즉 조화를 듭니다. 사람 사는 세상에서 조화를 가장 소중하게 생각하는 것이지요. 잘 어울려서 사는 것, 이보다 좋은 일은 없습니다. 문제는 거짓 속에서 서로 잘 어울려 사는 수도 있고, 진실을 회피하면서 서로 화합하고 조화를 이룰 수도 있다는 점입니다. 그리고 조화를 위해서 조화라는 이름으로 다수가 소수를 억압하는 일이 일어날 수도 있고 한 가지 생각과 목소리를 강요할 수도 있습니다. 조화가 모두가 하나를 지향하는 동일성 추구로 이해되면 전체주의 조직이나 사회로 변질되고 맙니다.

그렇다면 우리 사회에, 더 넓게는 동아시아 사회에서 다수의 생각과 행동에 반기를 드는 사람을 마치 미친 사람처럼 취급하거나 사회성이 부족한 사람으로 취급하는 문화가 넓게 퍼져 있는 게 공자 탓일까요? 여기에는 분명 유교 문화 영향이 있습니다. 사람이 화합과 조화가 조직과 인간관계의 최고 가치가 되다 보면 전체의 화합을 중요하게 생각하기 마련입니다. 그래서 어떤 사람의 생각과 말, 행동을 판단할 때 그 사람의 생각과 말, 행동이 옳은지 그른지 그 여부보다 화합 유지라는 차원에서 보게 됩니다. 진리 여부보다 화합을 깨뜨리는지 그 여부로 판단하게 됩니다.

그런데 공자가 말하는 '화(和)', 즉 조화와 화합의 의미를 조금 더 면밀하게 들여다볼 필요도 있습니다. 공자가 조화와 화합을 중요하게 생각한 것은 맞습니다. 하지만 공자가 중요하게 생각하는 조화와 화합은 모두가 같은 생각, 같은 말을 하는 게 아닙니다. 공자는 이상적 인격을 상징하는 군자의 조건을 두고서 이렇게 말합니다.

군자는 조화를 추구하되 같지 않고,

소인은 같음을 추구하되 조화롭지 않다.

(君子和而不同, 小人同而不和)

『논어』(論語)에 나오는 말입니다. 공자는 여기서 중요한 문제를 제기합니다. 그는 무리를 이룸에 있어 '화(和)'와 '동(同)'을 구분합니다. 즉, 조화나 화합을 이루는 것과 같음을 추구하는 것을 구분하면서, 같음을 추구하는 것을 소인이나 하는 짓이라고 비판합니다. 군자는 사람들과 같음을 추구하는 게 아니라 조화와 화합을 추구한다는 것입니다.

그렇다면 '화'와 '동'의 차이는 무엇일까요? 화는 여러 사람이 사는 세상에서 다름을 전제로 사람을 만나고 집단을 이룬다는 뜻이며, 동은 같음을 전제로 서로 만나고 집단을 이룬다는 뜻입니다. 같은 사람끼리 만나는 것은 소인이 하는 짓이고, 다르지만 다름을 존중하면서 만나는 것이 곧 군자라는 겁니다. 이것을 보면 공자는 사람 만남과 조직에서 조화와 화합을 중요하게 여기되 차이와 다름을 전제하고 인정했음을 알 수 있습니다.

공자는 같음을 전제로 사람끼리 모이는 것을 비판하기도 했습니다. 그는 『논어』에서 "군자는 모이지만 파당을 짓지 않는다(群而不黨)"고 말합니다. 우리가 사는 사회에서는 사람들이 모여 사는 것이 당연하지만, 똑같은 사람끼리만 모여서 당파를 짓지 말라는 뜻입니다. 또 『중용』에서는 "군자는 휩쓸리지 않는다(君子不流)"고 말합니다. 조화를 이루는 일과 내 생각 없이 그저 휩쓸리는 일을 구분하는 것입니다. 마치 루쉰이 나다움을 잃고 다른 사람을 기계적으로 따르는 행동을 비판했듯이 말입니다.

공자는 왜 같음을 경계하고 조화와 화합을 추구하라고 강조했을까요? 그래야 발전하기 때문입니다. 같은 생각, 같은 말을 하는 사람끼리 모이면 발전하지 못하고, 온전하지 못하며, 계속 이어지지 못하기 때문입니다. 공자가 『국어(國語)』에서 '화'를 강조하는 의미가 여기에 있습니다. 공자의 말을 찬찬히 읽으면서 그 의미를 깊이 살펴보겠습니다.

화(和)는 만물을 생성시킨다. 같은 것끼리 만나면 계속 이어지지 않는다. 서로 다른 상태로 어울리는 것을 화라고 한다. 그러므로 능히 풍성하게 자라고 사물이 그것으로 돌아간다. 만약 같은 것을 보태면 그것이 다하면 버려진다. 그러므로 선왕(先王)은 토(土)와 금(金), 목(木), 수(水), 화(火)를 섞어 만물을 만들었다. 이 때문에 오미(五味)를 고루 합하여 입맛을 맞추며 사지(四肢)를 강하게 하여 몸통을 지키고 6율(律)을 조화시켜 귀를 밝게 한다. (중략) 색이 하나면 꾸며지지 않고, 맛이 하나면 맛이 나지 않고, 사물이 하나면 온전히 갖출 수가 없다.

공자의 말처럼, 조화는 만물을 만듭니다. 조화가 없으면 만물이 존재하지 못하고, 만사가 이루어지지 않습니다. 그 조화가 같음을 전제로 할 경우, 같음은 발전과 성장을 해치고 억압과 배제의 논리로 작동하게 됩니다. 세상 만물이 모두 다르듯이, 저마다 다름을 인정하고 각각의 사물이 지닌 '그다움'을 토대로 상호 관계를 이루어야 조직과 사회가 영원히 지속할 수 있고 혁신이 일어납니다.

사람은 관계 속에서 삽니다. 생명을 지닌 세상 만물이 그렇습니다. 하지만 그 관계는 '동'이 아니라 '화'가 바탕이 되어야 합니다. 빼어난 오케스트라단처럼, 훌륭한 합창단처럼 구성원이 각자 자기 소리를 내면서도 멋진 조화를 이루어야 합니다. 전통 시대에 군자를 키우는 교육에서 늘 음악 교육이 중요했던 이유가 여기에 있습니다. 공자와 장자는 사람들과의 관계를 조절하고 사람들 사이의 조화를 이끌어내는 것(樂以道和)이 음악이 지닌 힘이라고 생각했습니다. 같은 음들끼리만 모이면 음악이 되지 못합니다. 다른 음들이 모여 조화를 이루어 비로소 음악이 됩니다. 국가를 이끌어갈 군자가 공부도 열심히 해야 하지만, 악기를 연주하고 음악을 즐기면서 조화의 원리와 의미를 배워야 한다는 것이 옛사람들 생각이었습니다. 리더의 기본 조건으로 무조건적인 '동'을 추구하는 것이 아니라 '화'를 중요하게 여기는 자질이 필요하다고 생각한 겁니다.

사회관계망 서비스(SNS)는 이미 우리 삶의 커다란 부분으로 자리매김했습니다. 특히 사용자가 입력한 빅데이터를 분석하여 맞춤형 정보를 제공하는 인공지능 알고리즘이 우리의 눈과 귀를 사로잡고 있습니다. 이는 우리 삶이 갈수록 '동'의 원리에 따라 살게 된다는 것을 의미하기도 합니다. 내가 영화한 편을 보고 나면 그와 유사한 성격의 영화와 뉴스, 콘텐츠를 추천해줍니다. 이렇게 연속되는 알고리즘에 빠지다 보면 한 가지 콘셉트의 콘텐츠 속에 스며들 수밖에 없습니다. 반대로 내가 입력한 데이터 값과 다른 세계에서는 점점 멀어지게 됩니다. 그렇게 사회관계망 서비스에서는 서로 같은 걸 좋아하고 공감하는 사람들끼리 쉽게 집단을 이루게 됩니다. 더욱 편하게 '동'의 세계에 살고, '동'의 세계를 즐기는 세상이 된 것입니다.

갈수록 같음만 추구하고, 같은 사람끼리 편을 지어서 모이고 소통합니다. 정치적으로도 같은 생각을 지닌 자기편만 봅니다. '동'의 추구가 과거에는 사회 일부의 흐름이었지만, 이제는 문화와 정치, 그리고 일상생활에 이르기까지 갈수록 넓게 퍼지고 있고, 갈수록 극단에 이르고 있습니다. 같은 생각과 판단을 하는 사람끼리만 모이며 타인을 배척합니다. 나처럼 생각하고 말하고 행동하는 내 편만 옳다고 생각하고, 내 편만 중요하다고 여기고 내 편만 편애하는 시대입니다.

공자 말처럼 같은 사람끼리만 만나면 새로움을 만들지 못하고 풍성해지지 못하며 지속적인 발전과 생존을 할 수 없습니다. 같음을 전제로 한 조화는 생명이 아닌 죽음에 다가가는 원리입니다. 다름을 전제로 하여 조화를 추구하는 게 중요하고, 여기서 한 걸음 더 나아가서 다름에 방점을 두어야 합니다. 조화롭되 다름을 추구하는 것입니다. 이렇게 방향을 전환하는 일이란 문화적 허영이나 정치적 올바름만을 추구하는 지적 허세가 아닙니다. 이는 인간 생존의 기본 조건에 대한 인식이자, 인간 생존을 위한 관계의 지혜를 추구하는 일입니다.

2장

패배와 절망 속에서
희망 만들기

봄에 풀이 다시 나서 무성해지는 것은 세상에 찾아온 봄 때문입니다. 풀의 뜻이나 의지가 아닙니다. 나무에서 나뭇잎이 떨어지는 것 역시 가을 때문입니다. 나무의 뜻이나 의지가 아닙니다. 살아가면서 때로는 이런 풀과 나무의 지혜를 배울 순간이 있습니다.

2021년 미국 대통령에 당선된 조 바이든은 1972년에 상원의원으로의 첫발을 내디디게 됐습니다. 이제 고생 끝 행복 시작인 것은 물론, 정치인으로서 더없이 기쁜 일이었습니다. 그런데 그런 기쁨이 채 가시기도 전에 그의 가족이 탄 차가 큰 교통사고를 당했습니다. 그 사고로 아내와 딸을 잃은 바이든은 큰아들이 중상을 입고 입원 중인 병실에서 상원의원 선서를 했습니다. 그는 믿음을 잃었고, 신을 원망했습니다. 왜 하필 이제 정치인으로서 막 꿈을 펼치려는 순간에 이런 불행을 주느냐고, 왜 하필 우리 가족에게 이런 큰 불행을 주느냐고 원망을 쏟아냈습니다.

대개 뜻하지 않은 큰 불행이 닥치고 고통이 찾아올 때 우리는 이처럼 생각합니다. 딱히 나쁜 짓도 하지 않았고, 선하게 살아왔다고 생각하는 사람일수록 더욱 분하고 원망스러울 것입니다. 자기보다 더 행실이 나쁜 사람도 잘만 사는데 왜 내게 이런 벌을 내리시느냐면서 하늘과 신을 탓하고, 그야말로 나를 둘러싼 모든 것들을 원망하게 됩니다.

바이든이 절망에 빠져 있을 때, 바이든의 아버지는 그런 바이든에게 두 컷 짜리 짤막한 만화 한 편을 보냈습니다. 첫 번째 컷에는 폭풍우 속에서 좌초된 배를 두고 하늘을 향해서 한 사람이 "왜 하필 나입니까?(Why Me?)" 하고 외치고 있었습니다. 왜 하늘이 내게 이런 불행을 내리는지 따지고 원망하는 장면이었습니다. 다음 컷은 그런 원망에 하늘이 답하여 되묻는 장면인데, 이렇게 적혀 있습니다. "왜 넌 안되지?(Why not?)"

일반적으로 나뭇잎은 늦가을이 되면 자연히 말라버리고 시들어 떨어지기 마련입니다. 하지만 어떤 나뭇잎은 여름날 우연히 만난 바람과 빗방울 때문에 하루아침에 떨어지기도 합니다. 사나운 폭풍우는 나무를 가리지 않습니다. 삶에서 행복은 사람을 가려 찾아오지만, 불행은 사람을 가리지 않습니다.

행복은 노력하는 사람에게만 다가오지만, 불행은 누구에게나 다가옵니다.

바이든 가족이 당한 사고도 그런 불행이자 재앙이었습니다. 바이든 아버지는 인생이 원래 그렇다는 지혜를 아들에게 전한 것입니다. 이후 그 만화는 조그만 액자에 담겨 수십 년간 바이든의 책상 위를 지키게 되었습니다.

루쉰의 고향으로, 예전 월나라 땅인 중국 사오싱(紹興) 지역에서는 아이가 태어나면 아이에게 젖을 물리기 전에 식초, 소금, 황련(黃連), 구등(鉤藤), 설탕까지 다섯 가지를 먼저 맛보게 하는 풍속이 있습니다. 신맛, 짠맛, 쌉쌀한 맛, 담담한 맛, 단맛 등 다양한 맛을 보게 하는 것입니다. 인생에는 단맛만 있는 게 아니어서, 앞으로 살아가면서 어려운 역경을 잘 헤쳐나가길 기원하는 마음을 담은 풍속입니다.

흔히 "앞으로 꽃길만 걸으세요!"라고 축원합니다. 하지만 절망이나 실패, 고통 없이 늘 꽃길인 인생은 없습니다. 그럼에도 인생을 잘 살아가는 비결 중의 하나는 어떤 어려운 순간에도 희망을 품고 긍정적으로 생각하며 지내는 것입니다. 하지만 막상 절망적이고 불행한 순간이 자신에게 닥쳤을 때, 그것도 예상하지 못한 순간에 갑자기 찾아온 불행과 맞닥뜨렸을 때, 희망을 말하면서 긍정적으로 생각하기란 결코 쉬운 일이 아닙니다. 한순간 삶에 문득 다가온 패배와 절망 앞에서 우리는 어떻게 불행을 대하고 희망을 만들어야 할까요? 질문의 해답은 루쉰의 생각을 나침반 삼아 함께 찾아보도록 하겠습니다.

01

정신승리법 슬기롭게 사용하기

한 청년이 있습니다. 시골에 삽니다. 그는 가진 재산도 없고 자기 소유의 집도, 논밭도 없습니다. 결혼할 나이는 이미 훌쩍 지났지만, 여전히 혼자입니다. 동네에서 허드렛일 하면서 그날그날 먹고 사는 그는 요즘으로 치면 일용직이나 시간제로 먹고 사는 삶을 살고 있습니다. 동네 사람 누구나 그를 무시하고, 그가 지나가면 툭툭 치고 놀리기도 합니다. 잘 생기지도 않았을뿐더러 내세울 만한 것이 아무것도 없고, 그야말로 '루저'라고 할 수 있습니다.

그런데 이 청년은 앞이 보이지 않는 고단한 삶을 즐기며 걱정 없이 살아갑니다. 이 청년은 누구이며 어떻게 이렇게 즐겁게 살 수 있는 걸까요? 이 사람의 상황을 현실적으로 고려했을 때, 그가 이렇게 즐겁게 살아도 괜찮은 걸까요?

이 청년은 「아Q정전」의 주인공 아Q입니다. 그가 늘 즐겁게 생활할 수 있는 비결은 바로 정신승리법에 있습니다. 우리에게 익숙한 정신승리법은 바로 이 사람, 아Q에게서 나온 말입니다. 그는 현실에서는 지고 패배하였지만, 자기 정신에서만큼은 이긴 것처럼 사고하는 데 능통했습니다.

정신승리법을 잘 사용하기 위해서 중요한 것이 바로 형편없는 현실 앞에서도 정신적인 조작을 능숙하게 해내는 것인데요, 정신승리법의 원조이자 대가인 아Q는 어떻게 생각을 조절할 수 있었을까요? 그가 어떻게 다양한 정신승리법을 사용하는지 살펴보겠습니다.

첫번째 방법입니다. 한 상황에서 아Q가 사는 동네 건달들이 그를 놀리고 때렸습니다. 아Q의 머리카락을 틀어쥐고 벽에다 머리를 찧기도 합니다. 이렇게 맞은 아Q는 소설 표현대로 '형식적으로' 졌습니다. 그런데 아프게 패배한 현실 앞에서 아Q는 잠시 생각합니다.

'아들놈에게 맞는 셈 치지. 요즘 세상은 정말 개판이라니까······.'

-루쉰, 「아Q정전」, 『외침』

이렇게 속으로 생각하고는 바로 기분이 풀립니다. 만족스럽게 승리한 기분을 느끼기까지 합니다. 이는 상대를 낮추고 자신을 높이는 방법입니다. 자기를 놀리고 때린 사람들을 자기보다 지위가 낮은 아들뻘 되는 놈들이라 말하고 요즘 세상이 정말 엉망이라고 둘러대는 것입니다. 그야말로 '개판'인 세상에 살다 보면 길을 가다가도 억울하게 맞을 수 있으니, 불쾌한 일을 당하더라도 별일 아니니 야단할 필요조차 없습니다. 굳이 지체 높은 사람인 자신이 하찮은 사람과 다투다 보면 체면 깎이는 일이라고 생각하기도 합니다. '아이고, 저런 수준 없는 인간하고 내가 싸워서 뭐 하겠어.', '저 사람 불쌍하니까 내가 봐주는 거야.', '저런 사람과 싸워 봤자 내 입만 아프지. 상대하면 똑같이 저질 인간 되는 거야.' 이렇게 생각하는 심리입니다. 나를 때리거나 괴롭히는 상대가 나보다 훨씬 하찮은 인간이기 때문에 그러한 인간에게 당한 일 자체를 무의미한 일이라 여기는 일, 그로써 마음의 평정을 찾는 일, 이것이 아Q의 정신승리법인 것입니다.

그런데 아Q에게 곧 이 방법이 통하지 않게 됩니다. 아Q를 괴롭히던 동네 건달이 이러한 아Q의 정신승리법을 간파하는 지경에 이르렀기 때문입니다. 그도 그럴 법이 속으로 중얼거리던 것을 입 밖으로 내뱉었기 때문입니다. 동네 건달들은 다시 아Q를 때리면서 말합니다.

> "이건 자식이 아비를 때리는 게 아니라 사람이 짐승을 때리는 거야. 네 입으로 말해봐, '사람이 짐승을 때린다'고."
>
> -루쉰,「아Q정전」,『외침』

아Q는 짐승 취급까지 당하면서 맞습니다. 이런 굴욕과 패배에 아Q는 어떻게 대응할까요? 이번에는 어떤 방법으로 정신에서 패배를 승리로 만들까요? 아Q는 앞에서 사용한 방법이 통하지 않자 이번에는 정반대 방법을 씁니다. 이번에는 상대보다 자신을 더 낮추는 방법을 씁니다. 자신을 한없이 형편없는 사람이라고 낮추는 겁니다. 상대는 아Q를 짐승 취급하면서 짐승을 때리는 거라고 하자, 아Q는 그보다 더 자신을 낮추어서 '버러지'라고 스스로를 경멸합니다. 이번에도 아Q는 만족해하면서 승리한 듯한 기분을 느낍니다. 이것이 패배를 승리로 바꾸기 위해서 아Q가 사용하는 두 번째 정신승리법입니다.

한없이 자신을 낮추는 방법을 우리 일상의 예로 확인하면 이렇습니다. 시험을 봤는데 형편없는 점수를 받은 상황을 생각해보는 것입니다. 이럴 때 아Q의 정신승리법대로라면 어떻게 생각하게 될까요? '내가 공부 안 했으니까 당연하지.', '나 원래 공부 못하잖아.', '난 공부도 안 했고, 시험 준비도 하지 않았잖아. 내가 낮은 점수를 받은 건 당연해.' 이렇게 생각하면서 문제의 원인을 자신에서 찾고, 자기는 그런 점수 받을 만한 사람이라고 생각하는 겁니다. 자신은 원래 공부를 잘하지 못하고 시험 준비도 잘하지 않았기 때문에 그런 나쁜 점수 받은 게 당연하고, 그래서 억울하지도 않고 분하지 않다고 생각하면서 평정심을 되찾게 됩니다.

패배를 승리로 바꾸는 세 번째 정신승리법도 있습니다. 자신이 당한 패배나 불행을 다른 약자에게 전가하는 방법입니다. 어느 날 아Q는 평소에 무시하던 왕 털보를 길에서 만납니다. 아Q가 술김에 왕 털보에게 덤볐다가 도리어 아Q가 맞습니다. 화가 나 있던 참에 마침 동네 절에 있는 젊은 비구니가 지나가는 것을 발견합니다. 아Q는 자신이 오늘 재수가 없었던 게 이 여승 때문이었다고 생각하면서 분풀이하듯 그녀를 괴롭힙니다. 자신이 겪은 고통을 자기 주변의 약자에게 전가한 것입니다.

> 그는 일전을 치르느라 왕 털보는 벌써 잊어버렸고, 가짜 양놈도 잊었으며, 오늘 당한 재수 없는 일에 모조리 복수한 것 같았다. 더구나 이상하게도 타닥 소리가 났던 때보다 몸이 더욱 가뿐하고 훨훨 날아갈 것 같았다.
>
> -루쉰, 「아Q정전」, 『외침』

이렇게 자기보다 약한 사람에게 자기가 당한 고통을 전가하자 몸도 마음도 가벼워지고 패배의 고통도 사라집니다. 더구나 자신을 괴롭힌 사람에게 복수한 것처럼 여겨지기도 합니다. 아Q가 쓰는 정신승리법 가운데 가장 비겁한 방법입니다.

한편, 이렇게 자기보다 약자인 남에게 엉뚱한 분풀이를 하는 게 아니라 자기 자신에게 분풀이하여 패배감을 해소하는 방법도 등장합니다. 아Q가 패배를 승리로 바꾸는 네 번째 방법은 자기 자신을 패배시키는 방법입니다. 억울한 일, 고통스러운 일을 당했는데, 탓할 사람도, 전가할 사람도 없는 겁니다. 이럴 때 아Q는 스스로 자기 뺨을 냅다 갈깁니다. 남한테 맞은 게 아니라 자기에게 맞았다면 누군가를 원망할 일도, 억울할 일도 없을 테니 말입니다. 게다가 마치 자기가 승리한 것처럼 기분이 좋아지기까지 합니다. 이 방법으로 아Q는 패배의 우울함에서 벗어납니다. 만족스럽게 편안한 기분이 들기도 합니다.

얼얼한 게 조금 아팠다. 때리고 나자 마음이 편안해지고, 때린 사람이 자기이고 맞은 사람은 또 다른 자기인 것처럼 느껴지더니, 조금 지나자 자기가 다른 사람을 때린 것처럼 여겨졌다. 그제야 그는 만족스럽게 승리한 기분이 되어 자리에 누웠다.

-루쉰, 「아Q정전」, 『외침』

아Q가 사용하는 네 가지 정신승리법에는 공통으로 망각이 함께합니다. 정신승리법의 달인인 아Q는 망각의 달인입니다. 불쾌한 일, 고통스러운 일을 어느새 머리에서 지워버리고 편하게 잠이 들고, 즐거워합니다. 망각이 주는 장점을 누구보다도 잘 아는 사람이 아Q입니다.

아Q가 사용하는 다양한 정신승리법을 보고 나면, 과연 정신승리법의 원조이자 달인이구나, 생각하게 됩니다. 아Q는 어떻게 이런 다양한 정신승리법을 터득하였을까요? 이 질문에 대한 답은 아Q라는 인물을, 그리고 아Q라는 인물이 지닌 정신승리법을 창조한 작가 루쉰에게 찾아야 합니다. 루쉰은 어떻게, 왜 아Q라는 인물을 창조했을까요?

루쉰은 중국을 바꾸기 위해서는 무엇보다 중국인의 정신과 사고방식을 바꾸어야 한다고 생각했습니다. 중국인이 지닌 민족성을 바꾸려고 했습니다. 그래야 중국이 위기에서 벗어날 수 있다고 생각했습니다. 이런 생각을 바탕으로 문학을 한 루쉰이 중국인의 사고방식, 중국 민족성을 비판하기 위해서 창조한 인물이 바로 아Q입니다.

루쉰은 1921년에 「아Q정전」을 신문에 연재합니다. 그때 신문에 연재되던 소설을 보고, 당시 중국인들이 이렇게 쑥덕거렸다고 합니다. "그 소설 읽어봤어? 꼭 내 얘기 같아. 나를 잘 아는 사람이 내 얘기 쓴 거 같아?" 중국 사람들이 서로 자기 이야기를 쓴 거 같다고 말할 정도로 아Q가 중국인을 닮았던 겁니다. 그러니까 아Q의 정신승리법은 중국인의 사고방식의 특징과 중국 민족성을 상징합니다. 적어도 루쉰은 중국인이 아Q 같은 사고방식을 지니고 있다고 본 것입니다.

물론 루쉰은 중국이 변하기 위해서는 아Q와 같은 사고방식을 버려야 한다고 중국인을 비판하기 위해서 아Q라는 인물을 창조했습니다. 중국인이 지닌 고질적인 문제를 아Q를 통해 표현했습니다. 중국인이 아Q가 다양하게 사용하는 정신승리법을 버려야 한다고 생각한 것입니다.

루쉰은 왜 중국인이 정신승리법을 버려야 한다고 생각했을까요? 루쉰은 정신승리법이 왜 문제라고 본 것일까요? 중국은 영국과 전쟁을 치른 아편전쟁(1840)을 시작으로 위기를 맞습니다. 영국, 프랑스, 미국등 서구 제국주의 국가에 홍콩과 상하이 등을 내주게 됩니다. 중국이 무시하던 일본과도 전쟁에서 져서 타이완섬을 일본에 넘겨줍니다. 이렇게 잇달아 패하면서면서도 중국 정부(당시 청나라 정부)와 중국인은 자만에 빠져 있었습니다. 중국이 무기나 대포는 서구만 못하지만, 문명의 수준에서는 서구를 능가한다고 생각하거나 서구는 여전히 오랑캐일 뿐이라고 여겼습니다. 중화주의와 연관된 중국인 특유의 자만감에 젖은 채 패배에 대한 정확인 인식도 없었고, 패배를 패배로 받아들이지도 않았습니다. 자기도취에 빠진 가운데 위기는 더욱 깊어졌습니다.

어떻습니까? 이런 중국 모습 아Q와 비슷하지 않습니까? 동네 사람들에게 맞고 놀림을 당하고 패배하지만, 정신에서는 자신이 패배하지 않았다고 여기면서, 갖가지 방법으로 합리화하지요. 루쉰은 이런 중국인의 사고방식을 고쳐야 중국이 위기를 극복할 수 있다고 본 것입니다. 그래서 정신승리법을 중국인이 버려야 할 사고방식의 상징으로 보고서, 그런 정신승리법을 지닌 아Q를 통해 비판의 시선을 밝혔습니다.

그런데 최근 우리 사회에서 유행하는 정신승리법을 보면 루쉰의 원래 생각과 다릅니다. 루쉰이 중국인이 지닌 나쁜 사고방식을 비판하기 위해서 정신승리법을 사용하였는데, 특히 우리 사회에서는 부정적 차원만이 아니라 무척 다양하게 사용되고 있습니다. 그렇다면 긍정적으로 쓰이는 정신승리법이 무엇일까요?

인터넷 포털 사이트에서 정신승리법이라는 키워드를 검색해 보면, 재미있는 사례를 다양하게 확인할 수 있습니다. 가령 학교에 가기 싫은 학생들은 이런 정신승리법을 쓴다고 합니다. '내가 학교에 가긴 가지만, 공부하러 가는 건 아니야. 친구를 만나러 가는 거야.'라고 생각한다는 겁니다. 그런가 하면, '내가 학교에 가지 않으면 선생님이 얼마나 곤란하겠어. 그래, 내가 한번 선생님을 봐주려고 학교에 가는 거야.'라고 호기를 부리기도 합니다. 그러면 학교에 가기 싫어서 오는 스트레스가 제법 줄어든다는 겁니다. 회사에 가기 싫을 때 직장인들이 사용하는 정신승리법도 있습니다. '회사 컴퓨터로 게임 하러 간다고 생각하자.', '회사라는 이름의 피시방에 간다고 생각하자.' '집밥만 먹으면 질리니까 오늘은 점심 먹으러 좀 멀리 회사까지 가볼까?', '월급 마일리지 쌓으러 간다고 생각하자.' 등 다양한 방법으로 자기 마음을 추스릅니다.

학생들이 학교 가기 싫을 때, 직장인들이 회사 가기 싫을 때 사용하는 다양한 정신승리법은 힘든 상황을 자기에게 유리한 방향으로 해석하여 자신을 달래고 현실을 견딜 수 있게 하는 긍정적인 역할을 합니다. 정신적으로 승리하면서 현실을 버티는 사고방식입니다.

사실 우리가 정신승리법을 사용하는 것은 정신승리법에 이런 긍정적 효과가 있기 때문입니다. 어려운 상황에서 긍정적인 태도를 지닐 수 있게 해줍니다. 지거나 실패하였을 때 마음에서 일어나는 부정적 감정이나 스트레스를 줄여 줍니다. 이를 통해 자신이 무너지지 않고 자기를 보호할 수 있고, 자존감을 지킬 수 있습니다. 결국 정신승리법은 자신을 지키기 위한 사고방식이기도 합니다. 심리학적으로 보면 꽤 중요한 자기방어 메커니즘이기도 합니다. 실패와 패배 앞에서, 힘든 상황 속에서 무너지는 걸 막고, 자기를 추스르고 보존하는 사고방식의 하나이기도 합니다. 긴 인생을 사는 우리는 패배와 좌절, 힘든 상황 속에서도 삶을 다시 추스르고, 다시 회복해야 합니다. 삶이 바닥까지 내려갔을 때 다시 삶을 끌어 올리는 데 필요한 긍정적 에너지 중의 하나가 정신승리법입니다.

그래서 우리는 누구나 아Q와 닮은 속성을 지니고 있고, 아Q처럼 정신승리법을 사용하곤 합니다. 우리가 아Q를 바보 같다고 비판하면서도 한편으로는 공감하게 되는 건 이런 이유 때문입니다. 실패하고 좌절했을 때는 더욱 그렇습니다. 아Q는 동네에서 루저입니다. 집도 없고, 돈도 없고, 여기저기서 무시당하고, 늘 괴롭힘을 당하는 신세입니다. 아Q가 정신승리법을 쓰지 않았다면 그가 힘든 현실에서 과연 버틸 수 있을지, 생각해볼 문제입니다. 어쩌면 실패와 좌절, 패배를 겪을 수밖에 없는 삶을 살아가는 우리 누구나 마음속에는 아Q가 있습니다.

정신승리법에 이런 긍정적 효과가 있다면, 살아가면서 정신승리법을 자주 사용해도 될까요? 정신승리법을 써야 하는 상황이 일어나지 않는 게 제일 좋겠지만, 어디 인생이 그런가요? 그런데 패배하고 실패하였을 때, 힘든 상황에 놓였을 때마다 자신에게 긍정적 에너지를 주기 위해서 마법의 카드로 정신승리법을 사용하면 될까요? 정신승리법을 사용하는 데 고수인 아Q는 인생이 즐겁고 행복했을까요? 아Q 역시 한동안은 늘 즐겁고, 만족하며 살았습니다. 자신을 높이기도 하고 자신을 형편없이 낮추기도 하면서, 자신이 받은 고통을 약자에게 전가하기도 하면서 자신의 패배감을 지우면서 현실에서는 패배를 당해도 정신에서는 그것을 승리로 바꿉니다. 정신승리라는 자기합리화 방법으로 패배의 고통을 잊고 자기가 승리한 듯한 즐거움을 느낍니다.

현실에서 늘 패배자인 아Q는 정신적으로는 늘 승리자였고 즐거웠습니다. 그런데 이렇게 정신승리법을 다양하게 사용하면서 늘 승리자 심리 속에서 살지만, 현실에서 아Q의 삶은 전혀 변화가 없습니다. 날품팔이 처지도 변화가 없고 집 없는 신세도 똑같았습니다. 정신에서는 늘 위너이지만, 현실에서 루저인 삶은 변화가 없습니다. 물론 도둑질에 가담하여 잠시 잘나가던 때가 있었지만 결국 도둑질 혐의를 받고는 죽고 맙니다.

정신승리법의 대가인 아Q가 끝내 비극적인 결말을 맞은 이유는 무엇일까요? 정신승리법 자체가 지닌 문제 때문입니다. 정신승리법이 우리에게 실패와 패배를 견디는 긍정적 에너지를 줄 수 있는 건 사실입니다. 하지만 그것은 진통제 같은 것이어서 일시적으로 고통을 덜어줄 수는 있지만, 근본적으로 치료를 해주지는 않습니다. 더구나 자주 사용하면 아편처럼 중독되어서 삶을 망칠 수 있습니다.

정신승리법의 가장 큰 문제점은 패배에 대한 인식이 없다는 것입니다. 자신이 패배를 당하고 실패를 해도 다른 여러 가지 이유를 가져와 마치 자신이 승리한 것처럼 생각을 바꾸어 버립니다. 그런데 아무리 정신에서 승리한 것처럼 여기더라도 패배로 얼룩진 현실은 변화가 없습니다.

살다 보면 누구나 실패할 수 있습니다. 중요한 것은 패배와 실패의 경험이 아니라 패배와 실패를 반복하지 않는 것입니다. 그러기 위해서는 내가 졌다는 것, 패배하고 실패하였다는 것을 인정하는 과정이 반드시 필요합니다. 그런 뒤 왜 지고 말았는지, 패배한 원인이 무엇인지 냉정하게 되돌아보는 것입니다. 그래야만 같은 실패를 반복하지 않고 삶이 달라질 수 있습니다. 그런데 정신승리법의 대가 아Q는 정신승리에만 매달릴 뿐, 패배에서 배우지 않습니다.

사실 아Q가 동네 건달에게 맞은 데는 억울한 면이 있습니다. 아Q는 그저 길을 갈 뿐이었는데 동네 건달들은 그를 불러 세워 놀리고 재미 삼아 때리기까지 했습니다. 이러한 상황에서 아Q가 정상적인 인물이라면 왜 나를 때리느냐고 반응하는 게 당연합니다. '내가 과연 이들에게 맞을 만한 일을 했는가?', '내가 왜 맞아야 하는가?', '내가 이렇게 불합리한 일을 당하는 까닭이 무엇인가?' 하고 곱씹어 생각해야 합니다. 그런 뒤 자신이 당한 패배와 불합리한 일들에 정당하게 대응하고 맞서야 합니다.

그런데 아Q는 이런 생각을 조금도 하지 않습니다. 그저 순간의 패배를 잊어버리고 고통에서 벗어날 방법을 찾기에 급급합니다. 한마디로 패배에 대한 인식, 패배감이 없고, 고통스러운 현실을 정신적인 승리로 바꾸어 회피할 뿐, 그 현실과 마주하지 않습니다.

넘어지는 일은 늘 있습니다. 하지만 넘어졌다가 다시 일어나는 일은 결코 쉽지 않습니다. 다시 일어나려면 넘어진 바닥을 내 두 손으로 짚는 수밖에 없습니다. 넘어진 바닥의 흙에 손을 더럽혀야 합니다. 패배하였을 때 자기 위로를 통해 생각을 바꾸고 패배를 잊는 것이 일시적으로는 힘이 되고, 위로될 수는 있습니다. 하지만 그렇다고 패배한 현실이 사라지는 것은 아닙니다. 아무리 정신에서 승리해도 현실의 패배는 사라지지 않습니다. 패배에서 배우지 않으면 패배는 반복되고, 결국 더 큰 패배로 비극적 종말을 맞을 수 있습니다. 정신승리법의 대가 아Q의 삶이 우리에게 주는 삶의 메시지입니다. 우리 사회에 정신승리라는 말이 유행하는 건, 우리 사회에 그만큼 힘들고, 실패하고, 아파하는 사람이 많다는 것을 말합니다. 정신승리라는 말이 유행하는 사회는 병든 사회에 가깝습니다. 우리 사회에서 정신승리라는 말조차 더 이상 필요 없는 건강한 사회가 되길 희망합니다.

02

내가 가려는 길에 무덤이 있다고 해도

살아가다 보면 패배하거나 실패할 때가 있기 마련입니다. 그렇다면 아Q처럼 정신승리 방법을 쓰지 않고 패배하거나 실패한 삶의 순간, 절망에 빠진 시간에 대처할 수 있는 다른 방법이 있을까요? 예를 들어 어느 중년 남성이 있습니다. 절망에 놓여 있습니다. 가진 것도 없고, 몸도 마음도 지쳐 있습니다. 앞으로 나갈 수도 없고, 그렇다고 뒤로 돌아갈 수도 없는 상황입니다. 앞은 무덤이고 갈 길도 보이지 않습니다. 이 사내는 자신의 절망에 어떻게 대응할까요?

루쉰 작품 「행인(過客)」(1927)에 나오는 주인공의 이야기입니다. 이 작품은 극본 형태의 짧은 글로 조금 철학적인 내용을 담고 있습니다.

이야기는 어느 해 질 무렵에 백발노인과 10살 남짓한 소녀가 사는 외딴 오두막집에 중년 남자가 걸어오는 장면에서 시작합니다. 이 남자는 꼴이 말이 아닙니다. 머리는 헝클어지고, 수염은 텁수룩하고, 옷은 누더기에 신발도 다 해지고 뜯어졌습니다. 그야말로 거지꼴입니다. 그 행인이 물을 한 잔 달라고 합니다. 노인은 행인에게 물을 주면서 묻습니다. "성씨가 어떻게 되오?"

하지만 행인은 자기 이름도 모릅니다. 그러자 노인이 어디에서 왔는지, 또 어디로 가는지를 묻습니다. 하지만 역시 행인은 모른다고 대답할 뿐입니다. 기억할 수 있을 때부터 자신은 혼자서 걷고 있었다고 말합니다. 자신은 그저 저곳으로, '서쪽'으로 갈 뿐이라고 말합니다.

이번에는 행인이 자기가 가려는 저곳이 어떤 곳인지를 묻습니다. 그러자 노인이 거기는 '무덤'이라고 말해줍니다. 그런데 소녀의 말은 다릅니다. 소녀는 행인이 가려는 방향에 '꽃밭'이 있다고 합니다. 하지만 행인은 자기도 자기가 가려는 그곳이 무덤이라는 걸 안다고 말합니다. 그래도 자기는 그곳으로 가겠다고 뜻을 굽히지 않습니다. 노인은 행인을 말립니다. 이미 너무 지쳤고, 해도 지려고 하니까 돌아가는 게 나을 거라고 권합니다. 하지만 행인 남자는 기어이 가겠다고, 돌아가지 않겠다고 말하고 길을 나섭니다.

글자 그대로 행인은 '길을 걷는 사람'입니다. 그런데 아프고 지쳐 있고 누더기 신세입니다. 그런데도 기어이 찾아가는 곳이 있습니다. 서쪽에 있는 '그곳'입니다. 그곳을 노인은 무덤이라고 하고 소녀는 꽃밭이라고 말합니다. 행인도 그곳이 무덤이라고 생각합니다. 자신이 가려는 곳이 무덤일 수도 있다는 것을, 행인은 잘 압니다. 하지만 그곳이 무덤일지라도 그곳을 향해 기어이 길을 걸어갑니다.

여기서 행인의 선택은 남다른 데가 있습니다. 일반적으로 자신이 가려는 길의 끝이 무덤이라고 하면, 즉 희망이 없다고 하면 그곳에 가려 하지 않고 발길을 돌립니다. 어떤 일을 시도할 때 주위에서 희망이 없다고 하거나 실패하기 마련이라고 하면 대개는 발길을 돌립니다. 그런데 행인은 기어이 가려고 합니다. 심지어 자신도 그곳이 무덤인 줄 알지만, 기어이 가겠다면서 걸음을 멈추지 않습니다.

　행인은 왜 계속 길을 걸을까요? 첫째는 과거로 돌아갈 수 없어서입니다. 그는 자신의 과거 삶을 더는 받아들일 수 없고, 그래서 돌아갈 수 없습니다. 노인이 돌아가라고 하자, 행인이 말합니다. 자신이 떠난 그곳은 위선과 가식이 없는 곳이 없다고 말합니다. 자기는 그런 것을 증오한다고 말합니다. 우리 눈은 어둠의 공간에 오래 있다 보면 적응합니다. 우리 삶이 그와 같습니다. 위선과 가식, 눈물이 충만한 곳이라고 하더라도 오래 있다 보면 적응할 수 있습니다. 그런데 행인은 마침내 결단을 내려서 과거 삶과 결별하고 길을 떠났습니다. 다시 자신의 삶을 그런 시간과 공간 속으로 되돌리지 않겠다는 의지가 강합니다.

　그렇게 떨쳐 길을 나섰는데, 문제는 앞에 희망이 보이지 않습니다. 더구나 몸도 지치고 다치고, 옷은 누더기입니다. 인생을 오래 산 사람은 그가 가려는 길 앞에 무덤이 있을 뿐이라고 귀띔해줍니다. 지금의 끔찍한 상황에서 벗어나고 여기서 나가기만 하면 햇빛이 찬란하게 비추는 희망의 길이 있다면 누구라도 당장 그 상황을 벗어나려고 할 것입니다. 하지만 지금

내가 처한 죽음의 시간, 절망의 공간을 벗어나도 달리 방법이 없을 때가 있습니다. 이럴 때 어떻게 해야 할까요?

행인의 선택은 그래도 일단 과거의 삶과 단절하기 위해 길을 나서는 것입니다. 루쉰 스스로 이 작품을 해설하여 말한 것처럼, 앞길에 무덤이 있다는 것을 분명히 알면서도 기어이 가는 것입니다. 절망인 줄을 알면서도 길을 가고야 맙니다. 루쉰은 이를 절망에 대한 반항이라고 표현합니다. 삶이 절망적이고 다들 절망이라고 말하지만, 절망이라는 걸 인정하면서노 절망에 삶을 포기하지 않습니다. 앞이 절망이라는 걸 알지만, 그렇다고 다시 과거와 같은 삶으로 되돌아가지 않습니다. 절망인 줄 알면서도 기어이 절망에 맞서고 절망에 저항하면서 아픈 몸, 지친 발걸음을 이끌고 길을 갑니다.

대개 우리는 희망이 있어서, 희망의 약속을 믿고 길을 갑니다. 그런데 행인이 가는 길에 희망의 약속이라곤 없습니다. 그런데도 행인은 포기하지 않고 계속 길을 갑니다. 희망 때문에 길을 가는 것이 아니라 희망이 없더라도 절망스러운 상황에 저항하고 반항하면서 길을 갑니다. 뒤로 되돌아가지도 않고 희망이 없는 그 자리, 절망적인 그 자리에 주저앉지도 않습니다. 삶을 포기하지도 않습니다. 앞이 무덤이라는 걸 알면서도 기어이 걸어갑니다. 행인의 이런 마음, 루쉰 스스로가 말한 것처럼 비장합니다. 이런 비장한 마음, 절망에 저항하면서 기어이 걸어가는 마음은 어디서 올까요? 그 단서가 다음 문장입니다.

> "저는 가는 수밖에 없습니다. 앞에서 저를 재촉하는 소리, 저를 부르는 소리가 나서 저는 쉴 수가 없습니다."
>
> -루쉰, 「행인」, 『들풀(野草)』

행인을 재촉하고 부르는 소리가 있었습니다. 행인은 그 소리를 듣고 있습니다. 그 소리 때문에 자신은 앞이 무덤이라고 해도 기어이 걸어가는 수밖에 없다고 말합니다. 그런데 그 소리는 무엇일까요? 행인에게 들리는 소리의 정체는 무엇일까요?

그런데 놀랍게도 노인은 이미 그 소리를 알고 있습니다. 행인에게만 들리는 소리가 아닌 겁니다. 노인은 자기도 예전에 그 소리를 들었지만, 그 소리에 상대하지 않았더니 이제는 소리가 들리지 않더라고 이야기합니다. 하지만 행인은 지금 그 소리를 듣고 있고, 그 소리 때문에 계속 걸어가는 수밖에 없다고 말합니다.

사실, 우리 모두에게는 이런 소리가 하나씩 있습니다. 나는 누구인지, 내가 어떻게 살아야 하는지, 내가 하고 싶은 게 무엇인지, 내 안에서 내게 말하는 소리가 하나씩 누구에게나 있습니다. 물론 가끔 그 소리를 잊기도 합니다. 한동안 그 소리를 멀리하거나 잊은 채 살기도 합니다. 하지만 그 소리는 나를 나로 만들어 주는 소리이자, 내가 나인 이유를 말해 주는 소리입니다. 나의 내면에 늘 잠재되어 있고, 내가 불러주기를 기다리는 소리입니다.

행인과 노인의 차이는 행인은 그 소리를 듣고 그 소리의 부름에 응하는 삶을 선택하였고, 노인은 과거에는 그렇게 살았는데 지금은 그 소리에서 멀어진 삶을 살고 있다는 것입니다. 노인이 지금 편한 삶을 보내는 까닭은 더는 그 소리가 들리지 않게 되어서일지도 모릅니다. 어쩌면 행인이 노인의 제안대로 가던 길을 멈추어 쉬고 나면, 행인에게도 더는 소리가 들리지 않을 것입니다. 하지만 행인은 절망적인 상황, 힘든 현실 속에서도 기어이 자기 안에서 자기를 부르는 소리를 외면하지 않습니다. 그 소리를 외면하지 않고, 그 소리를 들으면서 그 소리를 따라 힘이 들더라도 자기 삶을 살아가려고 합니다. 절망에 저항하고 반항하면서 기어이 자기 삶의 길을 가려고 합니다. 그 길이 무덤이라고 하더라도 기어이 가려고 합니다.

그런데 앞에 무덤이 있다고 노인이 말하고 행인 자신도 앞에 무덤이 있다는 걸 알면서도 기어이 길을 가는 데는 믿는 것이 있어서이기도 합니다. 지금 자신이 놓인 절망적 상황에 저항하면서 그래도 힘을 내서 걸어가 볼 만한 또 다른 근거가 있습니다. 행인이 가려는 앞길이 무덤이라고 말하는 노인 말에 행인이 동의하면서도, 행인이 노인에게 이렇게 묻습니다.

"어르신, 그 무덤을 지나면 어떻게 되지요?"

-루쉰, 「행인」, 『들풀』

노인은 이 질문에 자기는 모른다고 답합니다. 그 너머는 가 보지 않았다고 말입니다. 그렇습니다. 노인이 무덤이라고 말하지만, 사실은 노인이 가본 거기까지가 무덤일 뿐입니다. 노인도 무덤 너머에 무엇이 있는지는 모릅니다. 행인 자신도 무덤 너머는 모릅니다. 무덤이 계속될지 아니면 무덤 너머에 꽃이 피어 있을지 아무도 모릅니다.

그러니 앞이 무덤이라고 해도 가보는 수밖에 없습니다. 무덤이라고 알고 있던 그곳이 가보면 무덤이 아닐 수도 있고, 무덤 너머는 더더욱 무덤이 아닐 수도 있습니다. 그러니 내면에서 나를 부르는 그 소리를 들으면서 기어이 길을 가보는 수밖에 없습니다. 미래는 알 수 없습니다. 미래는 존재하는 게 아니라 만들어지는 것이니 말입니다. 희망은 원래부터 당연히 있는 것이 아니라 있을 수도 있고, 없을 수도 있어서 그것을 향해 걸어가는 발길에 달려 있기 때문입니다. 루쉰은 희망을 두고 이렇게 말합니다.

> 희망이란 원래 있다고도 할 수 없고, 없다고도 할 수 없다. 그것은 지상의 길과 같다. 원래 지상에는 길이 없었다. 가는 사람이 많아지면 길이 되는 것이다.
>
> -루쉰,「고향」,『외침』

우리에게 유명한 구절입니다. 많은 영화와 소설에서 이 구절을 옮기기도 했습니다. 잠시 멈추어 생각해 보면 원래 땅에는 길이 없었습니다. 많은 눈이 내려 새하얘진 들판을 떠올려 볼까요? 눈이 수북이 쌓인 들판에 한 사람이 첫 발자국을 내어 걷습니다. 그리고 다음 사람은 그 발자국을 따라 걷고, 또 다음 사람이 발자국을 포갭니다. 그런 과정이 반복되면서 눈 위에 길이 나게 됩니다. 사람이 발길이 닿지 않는 산길이나 오솔길도 그렇게 만들어집니다. 그런데 이때 중요한 것은 발자국 하나가 아닙니다. 발자국 위에 발자국이, 다시 또 다른 발자국이 더해지고 쌓여야 비로소 길이 납니다. 그런데 반대로 그렇게 수많은 발걸음이 쌓여 만들어진 길이라도 다시 발길을 끊고 찾지 않으면 그 길 위로 가시덤불이 돋고 잡초가 우거져버립니다. 계속 걷지 않으면 그렇게 길은 눈이 쌓이고 풀에 뒤덮여 다시 흔적도 없이 길이 사라지고 맙니다.

우리 삶에서 희망도 이런 길의 속성과 같습니다. 희망은 정해진 자리에서 기다리고 있지 않습니다. 희망을 만드는 것은 희망을 향해 걸어가는 발걸음입니다. 희망을 향해 걸어갈 때 희망은 만들어지고, 무덤이 꽃밭으로 바뀌듯이 절망이 희망으로 바뀝니다. 반대로 우리가 멈추는 순간 이내 희망은 사라지고, 앞길에서 꽃은 사라집니다. 앞에 무덤이 있다고 해도, 그 무덤 너머에는 무엇이 있을지 모르는 일이기 때문에, 기어이 포기하지 않고 가 봐야 합니다.

절망에 놓인 행인이 지치고 상처 난 몸과 마음을 이끌고 앞이 무덤이라고 할지라도 기어이 그 길을 가겠다고 하는 것은 희망이나 절망을 고정된 실체로 생각하는 게 아니라 지상의 길처럼 유동적인 것으로 생각하기 때문입니다. 희망은 지상의 길처럼 있을 수도 있고, 없을 수도 있습니다. 걸어가는 발걸음이 많아지면 지상에 길이 생기듯이, 우리 삶의 희망도 그렇습니다. 희망이라는 것 속성 자체가 그렇습니다. 절망적인 상황에서도, 실패와 좌절 앞에서도, 마치 무덤 속에 있는 것처럼 앞에 보이지 않는 순간에도 용기를 내서 발걸음을 내딛으면서 걸어가야 하는 것은 이 때문입니다. 인생에는 늘 새로운 길이 우리가 내딛는 발걸음으로 열리기 때문입니다.

03

기억과 희망 만들기

오랜만에 고향에 가고, 더구나 어렸을 때 같이 즐겁게 놀던 친구를 만나는 일은 생각만으로도 설레어 마음이 포근해질 수 있습니다. 하지만 언제나 누구에게나 고향과 고향 친구가 그렇게 다가오는 것은 아닙니다. 너무 많이 흐른 시간 앞에서, 그리고 고향을 찾는 내 마음에 따라서는 고향이 더없이 누추해 보이기도 하고, 고향 친구가 불편할 수도 있습니다. 고향이 언제나 누구에게나 그리운 곳은 아니고, 고향 친구도 늘 누구에게나 반가운 사람이 아닐 수도 있습니다.

루쉰 소설 「고향」에서 주인공은 오랜만에 고향을 찾습니다. 하지만 마음은 무겁고, 오랜만에 만난 어릴 적 친구는 너무도 변해버려서 마음이 아프고 슬픕니다. 외지에서 밥벌이하던 주인공은 고향과 영영 작별하기 위해서, 집도 팔고 어머니를 모시고 고향을 떠나기 위해서 추운 날 고향에 돌아옵니다. 가져갈 수 없는 가재도구를 팔고 친지들과 작별 인사도 하던 중, 어렸을 때 같이 놀던 친구가 찾아옵니다. 옛날 자기 집 머슴의 아들이었습니다. 이름은 룬투. 어린 아이들 사이에서는 주인 집 아이든 머슴의 아이든 상관없이 놉니다. 두 사람도 그랬습니다. 둘이 처음 만났을 때, 시골 사는 머슴 아들 룬투는 성안에 사는 주인공이 부러워하는 대상이었습니다. 도시에 갇혀 살던 어린 주인공이 모르는 신기한 일들을 너무도 많이 알고 있었습니다. 어린 주인공에게 룬투는 달빛을 받고 수박밭에서서 오소리를 잡는 신비한 영웅이었습니다.

짙푸른 하늘에 금빛 둥근 달 하나가 떠 있다. 그 아래는 해안 모래밭인데, 온통 초록색 수박이 심어있었다. 그 사이에 열두세 살의 한 소년이 서 있는데, 목에 은목걸이를 하고, 손에 쇠 작살을 거머쥐고 오소리를 힘껏 찌른다.

-루쉰,「고향」,『외침』

어렸을 때 주인공에게 영웅이자 친구였던 룬투가 자기를 찾아온다고 하자, 주인공은 기뻐합니다. 고향에 올 때부터 주인공을 사로잡은 쓸쓸함과 적막감도 어느새 사라집니다. 그리고 아름답고 신비로운 고향을 룬투 모습과 함께 떠올립니다.

드디어 소년 영웅 룬투가 나타났습니다. 그런데 룬투를 보자 주인공은 할 말을 잃고 맙니다. 한눈에 알아보았지만, 더는 기억 속 소년 영웅 룬투가 아니었습니다. 어렵게 농사지으며 사느라 헤진 옷차림에 손은 소나무 등걸 같았습니다. 더구나 주인공이 "룬투 형 왔어요?"하고 인사를 건네자 룬투가 주인공을 이렇게 부릅니다.

"나리!……"

- 루쉰, 「고향」, 『외침』

주인공은 소름이 끼치는 걸 느낍니다. 그리고는 깨닫습니다. "우리 사이에 이미 슬프게도 두꺼운 장벽이 놓여 있다는 것을." 어린 룬투 기억과 함께 떠올린 아름다운 고향 모습도 순식간에 사라집니다. 주인공에게는 다시, 춥고 쓸쓸하고 잿빛인 **현실** 속 고향만 남습니다. 머슴 아들과 주인집 도련님을 넘어 하나였던 기억은 사라지고, 주인공은 둘 사이를 가로막는 두꺼운 장벽이 놓여 있다는 걸 느낍니다.

주인공은 집 살림 정리를 마치고 어머니를 모시고 고향을 떠납니다. 배를 타고 고향을 떠나는 주인공에게 "은목걸이를 하고 **수박밭**에 서 있던 그 어린 영웅의 모습"이 예전에는 아주 생생했지만, "지금은 갑자기 희미해졌고" 그것이 또 주인공을 한없이 슬프게 합니다. 아름다운 고향 모습, 신비한 소년 영웅 룬투는 더는 현실에 없습니다. 주인공은 사람과 사람 사이를 가르는 담장이 없는 세상은 불가능한지, 어린 영웅 룬투를 나무 인형처럼 만든 현실은 바뀔 수 없는 것인지, 새로운 삶과 세상을 기대하는 것은 아득한 우상을 믿는 것처럼 헛된 일인지, 이런저런 깊은 생각에 잠깁니다.

그런데 그런 슬픈 마음으로 생각에 잠겨 있던 주인공에게 다시 **아름다운** 고향 모습이 문득 떠오릅니다.

몽롱한 내 눈앞에 해변의 파란 모래밭이 펼쳐졌다.

- 루쉰,「고향」,『외침』

　아름다운 고향 기억에서 이제 룬투는 사라졌지만, 해변의 파란 모래밭의 기억은 남았습니다. 처음에는 아름다운 고향의 기억이 룬투와 함께 떠올랐습니다. 그런데 이제 신비로운 룬투는 사라졌지만 주인공의 기억 속 아름다운 고향은 여전히 남아 있습니다. 신비한 소년 영웅 룬투에 관한 기억이 훼손당했지만, 아름다운 고향에 관한 기억은 여전히 주인공에게 살아 있습니다. 아름다운 고향 기억은 이제 룬투 없이도 주인공에게 남아 있고, 룬투에 관한 기억과 상관없이 주인공이 그 아름다운 고향 모습을 기억하는 한, 영원히 주인공에게 살아 있습니다. 이 기억의 힘으로 주인공은 다시 마음을 다잡습니다. 그리고는 유명한 희망의 경구, "희망이란 있다고도 할 수 없고, 없다고도 할 수 없다. 그것은 지상의 길과 같다."고 말하면서 작품이 끝납니다.

　주인공이 룬투 이름을 듣고 기대하였던 아름다운 고향은 더는 현실에 없습니다. 하지만 주인공의 아름다운 고향은 영원히 그의 기억 속에서 살아 있습니다. 그 기억 속 아름다운 고향은 마치 '숨은 신' 같습니다. 신은 숨어 있다고 해서 없는 게 아닙니다. 늘 있습니다. 내가 믿는 한 언제 어디에나 있습니다. 주인공에게 고향도 그런 신과 같습니다. 내가 기억하는 한 늘 내게 살아 있습니다. 그리고 그 아름다운 기억은 사람과 사람 사이에 높은 벽이 있는 현실을 넘어 사람과 사람이 하나 되는 새로운 세상을 꿈꾸는 동력이 됩니다. 그 기억을 안고 주인공은, 희망은 걸어가는 발걸음에 달려 있다고 자신에게 말하면서 길을 갑니다. 희망을 만들기 위해서.

어렵고 절망적인 상황에 놓였을 때, 나를 불러일으키고 다시금 희망을 꿈꿀 수 있는 근거 가운데 하나가 과거 내 삶에서 겪은 아름다운 순간의 기억입니다. 한순간이라도 아름답고 찬란하지 않은 생은 없습니다. 누구에게나 아무리 작고 순간적이라도 찬란하고 아름다운 삶의 기억은 누구에게나 있습니다. 지금은 얼마 정도 훼손되었을지라도 내 생의 아름다운 순간의 기억이, 제일 나 스스로가 마음들어 하고, 내게 의미 있었던 순간에 관한 기억이 남아 있다면, 그 기억이 힘들고 절망적인 현실에 대응할 수 있는 희망의 동력이 됩니다.

아무리 어려운 순간이라고 하더라도 자신이 지닌 희망의 씨앗이 완전히 고갈되는 때는 없습니다. 주역에서는 이렇게 말하면서 우리에게 희망을 줍니다. 주역의 괘 중에 박괘가 있습니다. 맨 위에 양(陽)이 하나밖에 남아 있지 않은 상태입니다. 시련의 상징입니다. 늦가을 찬바람을 맞으면서 열매도 잎도 다 떨어져 가는 나무 같은 상태입니다. 이런 힘든 상태를 『주역(周易)』에서는 이렇게 풀이합니다. "큰 열매는 먹히지 않는다(碩果不食)." 하늘은 모든 것을 다 죽게 하고, 끝까지 고갈시키는 법은 없습니다. 하늘은 우리에게 아무리 큰 절망과 좌절을 내리더라도 그런 절망과 좌절에 먹히지 않고 끝내 고갈되지 않은, 우리 안에 있는 큰 열매 하나는 꼭 남깁니다. 다만, 우리가 그것을 알아차리지 못할 뿐입니다. 여러분에게 그 큰 열매는 무엇인가요?

04

삶의 비극은 우연인가 필연인가?

루쉰은 부잣집 출신입니다. 그의 집안은 대대로 관료를 배출한 선비 집안이었습니다. 중국 사오싱에 있는 루쉰 생가에 가면, 생가의 큰 규모가 그의 집안이 그의 고향에서 얼마나 위세가 높고, 대단한 부자였는지를 짐작할 수 있게 합니다.

부러울 게 없는 그런 집안의 장남이었던 루쉰에게 시련이 닥칩니다. 청나라 정부 고위 관료이던 할아버지가 8살 때 감옥에 가게 되면서 집안이 기울기 시작합니다. 불행은 겹쳐 온다고, 아버지도 병을 앓게 됩니다. 옥바라지하느라, 아버지 병 치료하느라 집안이 기울기 시작합니다. 집안 살림살이까지 전당포에 맡기고 돈을 빌려 아버지 약을 지어야 할 정도로 가난에 내몰립니다. 하는 수 없이 외가에서 지내기도 합니다. 그의 아버지는 결국 루쉰이 15살 때 세상을 떠납니다. 루쉰 집안은 몰락했고, 그는 몰락한 집 큰아들로서 집안을 책임져야 하는 소년 가장이 되었습니다. 홀어머니와 동생 둘을 보살펴야 하는 책임이 그에게 떨어졌습니다. 루쉰 자신이 표현한 말에 따르면, 잘 살다가 밑바닥으로 추락한 것입니다. 나라도 기울고 집안도 기운 가운데 루쉰은 평생을 살았습니다.

자기의 글을 두고 루쉰은 어둡다고 말한 적이 있습니다. 그의 작품은 어두울 뿐만 아니라 무겁습니다. 어둠에 저항하고, 절망에 반항하는 내용이 많은 것은, 그가 국가적으로나 가정적으로, 그리고 개인적으로 어둡고 힘든 여건 속에서 평생을 살아온 게 크게 작용하였습니다.

물론 루쉰만이 아니라 중국 근현대사를 겪은 많은 중국인이 어렵고 힘든 시절을 살았습니다. 제국주의 세력의 침략, 사회주의 혁명운동, 그리고 사회주의 국가 건국 이후 문화대혁명 등의 혼란으로 이어지는 중국 근현대사의 소용돌이 속에서, 많은 중국인이 힘들고 파란만장한 삶을 살았습니다.

루쉰은 그의 소설에서 중국 근대 혼란기를 산 중국인의 모습을 어둡게, 무엇보다 주로 비판적으로 그려왔습니다. 루쉰은 중국이 어려움에 놓여 있던 어둠의 시대 중국인의 어두운 모습을 주로 비판하는 시선으로 바라보고, 그것을 극복하여 나아갈 것을 염원하였습니다.

그런데 1990년대 중국 문단에 중국 근대만이 아니라 중국 현대 혼란기를 산 중국인 모습을 루쉰과 다른 시각으로 그린 작가가 등장합니다. 중국만이 아니라 우리나라에서도 환영받는 작가 위화(余華)입니다. 위화는 시기로 보자면, 루쉰이 죽은 이후 전개된 중국 역사를 시대 배경으로 삼아 중국인이 겪은 고난의 삶을 그립니다. 그런데 위화는 어둠의 시대를 산 중국인의 고난의 삶을 루쉰과 다른 시선으로 바라봅니다. 위화는 비판의 시선보다는 따뜻한 시선으로 바라보고, 갖가지 고난과 시련, 삶의 비극을 감당하면서 결국은 삶의 위대함을 증명하는 평범한 중국인의 삶의 철학을 따뜻하게 그립니다. 중국 근현대사를 배경으로 평범한 중국인 가족 이야기를 다룬 소설 『인생(活着, 1993)』과 『허삼관 매혈기(許三觀賣血記, 1995)』가 대표적으로 그렇습니다.

위화의 소설 『인생』은 우리에게 장이머우(張藝謀) 감독의 영화 〈인생〉으로 더 잘 알려져 있습니다. 소설과 영화는 내용에 조금 차이가 있습니다. 어떤 이들은 영화가 오히려 소설보다 위화가 다루려는 주제가 더 잘 표현했다고 평가합니다. 여기서는 우리에게 익숙한 영화를 중심으로 그 내용을 살펴보겠습니다.

푸꾸이(富貴)라는 인물이 주인공입니다. 이름 그대로 귀한 부잣집 아들입니다. 영화는 1940년대부터 1970년대까지 중국 역사를 배경으로 이 사람의 일생을 다룹니다. 그런데 영화속 푸꾸이 일생은 시간이 지날수록 이름과 다르게 원래 자신이 지녔던 부와 귀함을 잃어갑니다. 우리는 살아가면서 내일이 오늘보다 낫기를 기대하면서 삽니다. 늘 오늘 우리가 누리고 가진 것을 기본이라고 생각하면서 내일은 여기에 다른 더 좋고 바람직한 것이 더해지길 희망하면서 삽니다. 월급도 더 늘었으면 좋겠고, 집도 더 커지길 기원합니다. 인생의 덧셈을 기원하면서 삽니다. 그런데 영화에서 푸꾸이의 삶은 덧셈이 아니라 뺄셈의 연속입니다.

푸꾸이는 먼저 돈을 잃습니다. 노름 때문입니다. 그리고 아버지를 잃습니다. 노름으로 집안 재산을 날린 아들 때문에 화병을 얻어 죽습니다. 더불어 노름빚 갚느라 큰집도 잃습니다. 사회주의 정부가 들어서고 나서는 자식을 잃습니다. 아들은 대약진운동이 일어났을 때, 담장 밑에서 잠을 자다가 차에 담장이 무너지면서 깔려 죽습니다. 문화대혁명 때는 딸을 잃습니다. 건강하던 딸은 열병을 앓고 언어장애를 지니게 되었습니다. 그리고 노동자인 남성과 결혼하여 출산하다가 생긴 출혈을 잡지 못해 죽습니다. 영화에서는 손자와 사위, 아내가 살아남지만, 소설에서는 주인공만이 혼자 살아남고 가족 모두의 죽음이 그려집니다. 그에게 남은 것은 소 한 마리뿐입니다. 그의 일생이란 시간과 더불어 하나하나 잃어가는 뺄셈의 과정입니다. 누구나 오늘보다 더 나은 내일을 꿈꾸면서 살지만 푸꾸이에게 내일은 오늘보다 늘 못합니다. 늘 잃고 사라지는 것을 마주해야 하는 삶입니다. 뺄셈 인생의 전형입니다.

그가 겪은 비극만 보면, 이처럼 힘들고 절망적인 삶도 없습니다. 이런 삶을 어떻게 받아들이고 어떻게 살아야 할까요? 위화는 푸꾸이가 인생을 살아가는 태도에 대하여 이렇게 말합니다. 푸꾸이는 무엇을 위해서 사는 것이 아니라 사는 것, 그 자체를 위해서 산다고 말입니다. 푸꾸이의 삶의 철학이 이것입니다. 지금 살아 있는 것, 하루하루 살아가는 것, 그 자체가 중요하고 위대하다는 메세지를 던집니다. 인간은 늘 삶의 의미를 생각하면서 삽니다. 하지만 삶의 의미보다 더 근본적인 것은 살아 있다는 그 자체라는 것, 작가 위화는 그것을 고난의 삶을 산 푸꾸이를 통해 우리에게 보여줍니다. 인간에게는 살아 있는 것 자체가 제일 위대하고 소중한 일이기에 고난을 견디고 감수할 수 있다고 말합니다.

이 영화는 반복되는 비극의 가족사를 다루고 있지만, 곳곳에 따뜻한 유머가 담겨 있습니다. 끝없이 이어지는 비극 앞에서 따뜻함과 유머가 가능한 까닭이 무엇일까요? 영화 내용으로 보면 아들딸을 앗아간 근본 원인은 문화대혁명 같은 정치적 재난 때문입니다. 그렇다면 마땅히 세상을 향해 분노가 치솟을 수밖에 없습니다. 그리고 아들딸을 잃은 부모라면 내가 그때 그렇게 하지 않았더라면 소중한 자식을 잃지 않았을 텐데 하는 자책이 들 수밖에 없습니다. 하나하나 자신이 가진 것이, 자기에게 소중한 것과 소중한 사람이 사라져갈 때, 원망과 자책이 들지 않을 수 없습니다.

물론 영화에서 주인공 푸꾸이도 자책합니다. 아들이 죽자, 그때 내가 학교에 가기 싫어하는 아들을 업어서 기어이 학교에 보내지 않았으면 아들이 죽지 않았을 거라고 자책합니다. 딸이 죽었을 때도 비슷하게 자책하고, 그의 아버지가 죽었을 때도 그렇습니다. 하지만 주인공 푸꾸이는 자기 삶을 파멸로 이끌고 가지는 않습니다. 자책을 하고 난 뒤에 현실을 기꺼이 받아들이는 것입니다. 그의 불행과 재난을 필연적인 운명으로 받아들입니다. 인생에서 우리는 무대에 오른 배우일 뿐이고, 무대에서 오르고 내려오고를 결정하는 것은 우리가 아니라는 생각입니다. 푸꾸이는 그런 인생관을 지닌 사람입니다. 삶이란 원래 그런 일도 일어날 수 있는 일이고, 그게 삶이라고 생각합니다. 어느 날 느닷없이 닥치는 그런 불행과 고난, 아픔까지를 받아들이면서 사는 게 인생이라고 생각하면서 결국은 받아들입니다.

소설에는 없지만, 영화에서 주인공은 그림자극을 연출합니다. 그림자극이 상징하는 것이 바로 이것입니다. 그림자극에서 인형은 조정하는 사람에 달려 있고, 그것을 빛으로 막에 비추는 극입니다. 영화 속 그림자극은 우리 삶이 우리가 어찌해

볼 수 없는 어떤 것에, 그것이 운명이든 신이든, 아니면 삶의 논리 자체이든 그것에 연출되고 통제된다는 것을 상징합니다. 그러니 견디고 감당하고, 이겨내는 수밖에 없습니다.

삶의 고난과 비극 앞에서 삶을 포기하는 것이 아니라 삶이란 원래 그렇다고 받아들이며 그것을 계기로 삶을 계속 살아가는 것, 그것이 위대한 인생이고, 원래 인간 삶이라는 것을 말하고 있습니다. 우리가 위기와 시련, 고난 앞에서 깨닫는 삶에 대한 각성이란 이것입니다. 위기와 시련이 우리에게 주는 인생 교훈이고, 이를 통해 인생에 대한 우리의 이해가 더 깊어지고, 그만큼 우리는 인간으로서 성숙하게 됩니다. 인생을 관조할 수 있는 여유가 생깁니다. 주인공 푸꾸이가 그렇습니다. 사실, 아무리 자책한다고 해서 이미 일어난 비극을 되돌릴 수 없는 경우도 많습니다.

이런 인생관을 두고 분명 저항을 모르는 수동적인 삶의 태도라고 비판할 수 있습니다. 그런 요소 분명 있습니다. 하지만 어찌할 수 없는 삶의 불행과 비극 앞에서 삶을 다시 세우고, 삶을 살아가는 인생 지혜의 하나이기도 합니다. 그렇게 살아가다 보면 삶은 또 달라질 수도 있습니다. 인간은 한 번 생을 사는 동물성이지만, 인간의 삶은 수많은 봄 여름 가을 겨울을 반복하는 식물성이기 때문입니다.

시인 이백(李白)은 「일출행(日出行)」이라는 시에서 "풀잎은 봄바람에 무성해지는 걸 감사하지 않고, 나무는 가을날에 시드는 걸 탓하지 않는다(草不謝榮於春風, 木不怨落於秋天)"고 했습니다. 봄에 풀이 다시 나서 무성해지는 것은 세상에 찾아온 봄 때문입니다. 풀의 뜻이나 의지가 아닙니다. 나무에서 나뭇잎이 떨어지는 것 역시 가을 때문입니다. 나무의 뜻이나 의지가 아닙니다. 살아가면서 때로는 이런 풀과 나무의 지혜를 배울 순간이 있습니다. 살면서 겪는 힘들고 불행한 일을 자연의 순리의 하나로 받아들이기는 쉽지 않습니다. 하지만 그런 삶의 태도가 가혹한 자책에서 우리가 벗어나는 데 도움이 됩니다. 삶의 의미를 깨닫게 하는 지혜로운 인생 처방전이기도 합니다. 힘든 시련 속에서 얻는 인생의 지혜입니다.

05

우리를 살게 하는 힘, 믿음

앞서 간단히 살펴본 작품 「애도」에 대하여 조금 더 다루고
자 합니다. 쥐안성과 쯔쥔, 두 사람은 책도 읽고 같이 토론도
하면서 생각을 나누던 사이였고, 그러다가 사랑하게 됩니다.
자기 삶은 자기 것이라면서, 부모를 떠나 동거를 시작합니다.
주위의 따가운 눈초리에도 아랑곳하지 않고 씩씩하게 지냅
니다.

하지만 위기가 찾아옵니다. 쯔쥔은 집안일을 하는 전업주
부가 되면서 예전 모습을 잃어가고, 쥐안성은 돈 버는 일에 지
쳐갑니다. 가난한 살림살이가 둘을 압박합니다. 그러던 차에
쥐안성이 실직을 당합니다. 처음에는 두 사람도 이겨낼 각오

를 다집니다.

그런데 곧 진정한 위기가 찾아옵니다. 쯔쥔을 향한 쥐안성의 마음이 변한 겁니다. 사랑이 식었습니다. 그는 자기의 진심을, 즉 이제 쯔쥔을 사랑하지 않는다는 걸 말할지 말지 고민합니다. 사랑하지 않는다는 자기 진심을 말하면 둘의 관계는 파탄이 나고, 집을 나온 그녀는 더 이상 갈 곳이 없습니다. 그걸 알면서도 쥐안성은 거짓과 허위 속에서 계속 이런 생활을 지속할 수 없다고 생각합니다. 아직 젊은 쯔쥔이 새로운 출발을 할 수 있을 거라는 생각도 합니다.

그의 변심을 눈치챈 그녀에게 그는 그녀를 사랑하지 않는다고 말합니다. 그런 뒤, 어느 날 그녀는 돌연 자취를 감춥니다. 그리고 그는 나중에 그녀가 집으로 돌아갔고, 결국 죽었다는 소식을 듣습니다.

루쉰의 소설 「애도」 줄거리입니다. 젊은 커플의 비극적 사랑 이야기입니다. 남자 주인공 쥐안성이 전하는 수기 형식입니다. 남자의 시각과 목소리로 두 사람이 만나고 동거하고, 헤어지기까지 과정을 말합니다. 자기합리화를 위한 수기라고 해석하기도 하고, 여자가 죽었다는 소식을 들은 남자 주인공의 후회와 자책의 글쓰기라고 해석하기도 합니다. 여자 친구를 죽음으로 내몰았으면서 후회하고 자책하는 척 뻔뻔하게 변명만 늘어놓고 있다고 분개하는 여성주의 시각의 해석도 있습니다.

주인공은 진심을 담아 후회하고 자책한다고 하지만, 소설을 읽는 사람에게는 왜 변명으로 들리는 걸까요? 여러 이유가 있지만, 그 가운데 하나는 주인공이 사랑이 식었으니까 각자 길을 가자고 한 것을 진실과 허위, 거짓, 공허 같은 추상적인 단어로 설명하는 데 있습니다. 주인공은 사랑하지 않는다는 말을 한 것을 두고 훗날 이렇게 말합니다. "거짓의 무거운 짐을 질 용기가 없던 나는 무거운 진실의 짐을 그녀에게 넘겨주고 말았다." 그런가 하면 그녀가 죽고 난 뒤에는 "진실과 바꾼 공허만이 남아 있다"고 말합니다.

주인공 남자의 말을 풀어 해석하면 이렇습니다. 사랑이 식은 것은, 그녀를 더는 사랑하지 않는 것은 당시에 진실이었지만, 그래도 그 진실의 짐을 지고 거짓 속에서 살아야 했는데, 그 짐을 그녀에게 부려버려서 모든 게 공허해졌다는 겁니다. 자기가 진실을 선택해서 공허만 남았다는 겁니다. 그러면서 이제 앞으로 자신은 망각과 거짓을 길잡이로 삼아 살겠다고 말합니다.

이걸 보면 남자에게 사랑이 식은 건 사실입니다. 그렇다면 이 남자는 그 진실을 누른 채 계속 거짓 속에서 그녀와 살아야 했을까요? 주인공은 진실 쪽을 선택했고, 그래서 그녀가 죽었고, 후회합니다. 진실을 말하지 말고, 허위 속에서 살아야 했다고 후회합니다. 그래서 앞으로는 거짓을 자기 삶의 길잡이로 삼아 살아가겠다고 말합니다.

이 남자의 잘못은 무엇일까요? 그의 품성이나 도덕성, 남성주의 등등 여러 차원에서 문제를 찾을 수 있습니다. 그런데 삶에 대한 이해라는 차원에서 보자면, 그는 삶이 진실만으로 영위되는 게 아니며, 삶을 영위하기 위해서는 허위와 거짓도 필요하다는 것을, 허위와 거짓도 삶의 부분이라는 걸 몰랐습니다. 어린 그는 삶에는 진실 아니면 거짓 둘 중 하나밖에 없다고 생각한 점에서 삶에 대한 이해가 깊지 못했습니다. 이게 그의 가장 큰 잘못입니다.

사랑이 식는 것처럼 진실이 허위로 바뀔 수도 있지만, 허위 또한 진실로 바뀔 수도 있는 삶의 이치를 몰랐고, 삶의 힘든 순간을 견디게 해주는 동력이 꼭 진실이 아니라 허위일 수도 있다는 것을 몰랐습니다. 어느 순간 허위 속에서 영위되는 삶이 진실의 삶으로 바뀔 수 있다는 것을 그는 몰랐습니다. 삶에서 참과 진실만을 생각했고, 삶에서 거짓과 허위가 지닌 깊은 의미를 몰랐습니다. 인생은 달과 같아서, 달은 밝은 면과 어두운 면이 하나가 되어서, 늘 같이 있으면서 달이라는 둥근 전체를 이룬다는 것을 몰랐습니다.

루쉰은 「노라는 집을 나간 뒤 어떻게 되었는가」라는 글에서 거짓말이나 허위의 위대함을 말하면서, 이런 예를 듭니다. 시인 이하(李賀)가 죽을 무렵 그의 어머니에게 이런 거짓말을 했다고 합니다. 옥황상제가 백옥루를 지었는데, 그더러 그것을 위한 글을 지어달라고 해서 옥황상제에게 가야 한다고 거짓말을 했고, 이 거짓말을 통해 죽음을 즐겁게 받아들일 수 있었고, 그의 어머니도 마음을 놓게 되었다는 겁니다. 루쉰은 이를 두고 '거짓말의 위대함'이라고 말합니다.

「애도」에서 주인공은 여자 친구가 비극적으로 생을 마감하는 비싼 대가를 치르고 나서야, 삶의 실존에 거짓과 허위가 갖는 의미를 깨달았습니다. 그녀가 떠나기 전에는 삶이 진실만으로 영위되지 않는다는 것을, 때로는 힘든 인생의 순간에 허위를 길잡이로 삼을 수도 있고, 그 허위가 힘든 삶을 지탱할 수도 있다는 것을 몰랐습니다. 이하가 세상을 떠나면서 그의 어머니에게 남긴 거짓말처럼, 거짓과 허위일지라도 그녀에게 믿음을 주어야 했는데, 그래야 그녀를 구하고, 두 사람 삶의 파탄을 막을 수 있었는데, 그는 그러지 못했습니다.

루쉰의 다른 소설 「복을 비는 제사」(1924)에도 비슷한 문제가 등장합니다. 갖가지 억압 속에서 여성으로서 사는 힘든 삶을 허위에 기대어 버티는 여성이 있습니다. 힘든 삶을 버티게 하는 힘은 헛되고 거짓일지언정 자기 내면에서 나오는 진정한 믿음입니다. 소설에서 그 여성은 고향 마을을 찾은 지식인 화자에게 이렇게 묻습니다.

"사람이 죽은 뒤에도 영혼이 남나요?"

"지옥이 있나요?"

"지옥이 있다면 죽은 가족을 다시 만날 수도 있나요?"

-루쉰 「복을 비는 제사」, 『새로 쓴 옛날이야기(故車新編)』

그녀는 왜 이런 질문을 했을까요? 그녀는 지금 가장 힘든 삶을 사는 홀로된 여성입니다. 그녀의 지금 삶은 막장에 몰려 있습니다. 원래는 타지 사람이었습니다. 남편이 죽자 지금의 동네로 일거리를 찾아왔습니다. 그녀는 가난하지만 몸가짐이 단정하고 부지런하며 참을성 있게 일도 잘했습니다. 당연히 동네에서 인정을 받아서 일하면서 돈을 모으게 됩니다. 그런데 어느 날 그녀 시댁에서 사람에 와서 그녀를 끌고 가고, 다른 사람에게 돈을 받고 팔아버립니다. 돈에 팔려서 강제로 다른 남자에게 개가한 겁니다. 그런데 이 여성은 다시 마을에 돌아옵니다. 알고 보니 또 다른 불행과 아픔을 겪었습니다. 새 남편이 건실해서 생활이 자리를 잡을 무렵, 그는 장티푸스에 걸려 죽었고, 둘 사이에서 얻은 아들마저 이리에게 물려가서 죽었습니다. 이런 시련을 겪은 뒤 다시 마을에 돌아와 일을 계속했습니다.

그런데 이 여자에게 큰 공포가 생깁니다. 그녀가 겪은 일을 두고 동네 여자가 그녀에게 말합니다. 두 번 시집갔으니까 죽어서 저승에 가면 죽은 두 남자 귀신이 여자를 두고 서로 다투게 될 것이고, 그렇게 되면 염라대왕이 여자를 둘로 찢어서 나누어줄 거라고 말입니다. 이 말은 여자에게 잠도 제대로 자지 못할 정도로 공포와 고민을 불러옵니다. 그러던 중 동네 여자에게 사당에 거액을 들여 문지방을 기부하여, 그것을 사람 천명이 밟고 지나가면 그것으로 액땜을 할 수 있다는 말을 듣고, 악착같이 돈을 모아 기부합니다.

이제 여자는 홀가분해졌습니다. 저승에 가서 두 남편을 다시 만나더라도 두려워할 필요가 없게 되었습니다. 죄지은 여자에서 깨끗한 여자가 되었다고 생각했습니다. 그런데 아니었습니다. 주인집 제사가 있는 날, 여자가 제사상에 올린 술잔이나 젓가락을 가져다 제사상에 올리려고 하자, 주인아주머니가 기겁하면서 저지합니다. 그녀 자신은 이제 기부하여 깨끗한 사람이 되었다고 생각하면서 기뻐하였습니다. 하지만 주인집 기준으로 그녀는 여전히 부정을 탄 깨끗하지 못한 여자여서, 제사를 준비하는 일에 끼면 안 되는 인물이었습니다. 그 뒤로 여자는 달라집니다. 눈도 움푹 들어가고 정신도 온전하지 않았습니다. 사람을 무서워하고 주인을 보면 벌벌 떨었습니다. 그런 일이 있고 난 뒤 마침 화자가 고향을 찾았고, 그녀가 그에게 세 가지 질문을 한 것입니다.

그녀가 악착같이 일해서 모은 돈으로 사당에 문지방을 바칠 때만 해도 그녀에게는 희망이 있었습니다. 이 문지방만 바치면 두 번 시집간 죄를 씻어서 지옥에 가서도 몸이 찢기지 않고, 그리운 아들을 다시 만날 수 있다는 희망이었습니다. 그런데 그 희망이 깨졌습니다. 그래서 그녀는 많은 걸 아는 지식인인 그에게 죽어도 영혼이 남는지, 지옥이 있는지, 지옥에서 죽은 가족을 다시 만나는지를 물은 것입니다. 그녀로서는 난감한 일이었습니다. 영혼의 세계가 있다면 그리운 아들을 다시 만나는 건 좋은 일이지만, 두 남편을 다시 만나는 것은 공포였기 때문이다. 문지방을 기부한 일이 물거품이 되면서 그녀는 이러지도 저러지도 못하는 진퇴양난의 상황에 몰린 것입니다.

그 진퇴양난 속에서 고향을 찾은 화자에게 그녀가 세 가지 질문을 한 것입니다. 하지만 그도 그녀에게 그녀가 원하는 답을 해주지 못합니다. 그 역시 그녀가 원하는 답을 해줄 수 없는 이러지도 저러지도 못하는 진퇴양난의 상황에 놓입니다. 그가 영혼이 있다고 답을 하면 그녀는 저승에서 두 남자에게 시달릴 걱정을 해야합니다. 반대로 영혼이 없다고 답을 하면,

그녀는 저승에서 아들을 만날 희망을 잃게 됩니다. 그래서 그는 결국 자기도 잘 모른다고 회피합니다. 이제 그녀는 자신이 기댈 곳이 아무것도 없습니다. 결국 동네를 걸인처럼, 실성한 사람처럼 전전하다가 죽습니다.

그녀를 죽음에서 구하려면 어떻게 해야 했을까요? 소설 「애도」에서 주인공이 여자에게 허위와 거짓을 말했다면 여자친구는 그 허위와 거짓의 믿음 속에서 삶을 이어나갔을 겁니다. 물론 비루한 삶일지 모르지만, 그 허위와 거짓 속에서나마 삶을 지속할 수 있었을 것입니다. 허위와 거짓 속에서 영위되는 삶이 훗날 어떻게 될지는 모릅니다. 하지만 사는 것이 죽는 것보다 위대하고 중요하기 때문에, 그녀를 살리기 위해서 거짓이 필요했습니다. 마찬가지로 「복을 비는 제사」에서 삶의 막다른 곳에 몰린 그녀에게도 거짓과 허위일망정 믿음이 필요했습니다.

길거리를 방황하면서 그녀가 던진 질문에, 지식인인 화자가 배운 지식을 동원하고 과학적 진리를 통해 그녀에게 답을 할 수는 있습니다. 예를 들어 "과학에 따르면 영혼은 없다. 지옥이란 것도 없다. 그러니까 죽은 가족을 다시 만날 일도 없다"고 말입니다. 하지만 이것은 그녀가 원하는 답이 아닙니다. 진리나 과학과 상관없이, 그녀가 원하는 대답은 영혼은 있고, 그래서 보고 싶은 아들을 저승에서 만날 수 있고, 문지방을 기부했으니까 이제 몸은 둘로 찢기지 않는다는 것입니다. 그녀는 그녀 삶을 지속할 수 있는 희망의 답을 원합니다. 지식인 화자가 그녀 질문에 답을 하지 못하는 것은 그녀에게 이런 희망을 줄 답을 찾지 못해서입니다.

그녀가 원하는 답은 하나입니다. 그녀가 바친 문지방으로 그녀는 깨끗해졌다는 것, 문지방을 기부하는 것으로 모든 바람을 이룰 수 있게 되었다는 말입니다. 그것은 미신의 영역이고, 헛되고 거짓된 믿음입니다. 하지만 그녀가 간절하게 바라는 것은 이것입니다.

루쉰은 「악의 소리를 타파하라」는 글에서, 물질 생활이 불안한 사람은 더 나아지고 싶은 욕구를 지니기 때문에, 그리고 사람의 마음은 반드시 의지할 데가 있어야 해서, 무엇인가를 믿고 섬기는 일이 인간에게는 꼭 필요하다고 보았습니다.

「복을 비는 제사」의 그녀에게도 그것이 과학이든, 종교든, 미신이든 마음을 의지할 데가 있어야 했습니다. 두 번째 남편이 죽고 나서 아들이 그녀에게 그런 존재였습니다. 그런데 아들까지 잃고 난 뒤, 그녀는 마음을 의지할 데가 없습니다. 그녀가 의지한 것은, 문지방을 기부하는 것이었습니다. 그것은 허위의 믿음이었습니다. 하지만 그 허위의 믿음이 그녀를 살게 하는 힘이었는데, 그것마저 무너지자 그녀의 삶의 길은 끝이 났습니다.

루쉰 소설 「애도」와 「복을 비는 제사」에서 두 사람은 비극적으로 삶을 마감합니다. 진실만으로 삶이 영위되는 것, 허위의 믿음이 없이도 영위되는 삶이 바람직합니다. 하지만 삶의 어느 한순간에, 그것이 불가능한 힘든 상황에 놓였을 때, 우리의 삶을 버티게 하는 힘이 또한 그런 허위의 믿음에 있기도 하다는 것을 두 사람의 비극을 통해 생각하게 됩니다.

3장

새로운 세상을
어떻게 꿈꿀까?

문학을 다루는 사람이야말로 가장 예민한 감각을 지녔기 때문입니다. 그 예민한 감각을 발휘하여 새로운 세상을 열기 위해서 세상의 위험과 어둠을 앞서 느끼고 세상에 경보를 울리는 탄광 속 카나리아 같은 역할을 시인과 문학에 기대한 것입니다.

유토피아란 이상향을 의미합니다. 하지만 글자 의미는 어느 곳에도 없는 장소라는 뜻입니다. 이 모순적인 단어는 인간의 기본 속성을 상징합니다. 지금 이곳에는 없고, 아직 실현되지 않고 있지만, 그것을 소망하면서 그 가능성을 추구하는 인간의 속성을 상징합니다. 그래서 독일 사회철학자 칼 만하임(Karl Mannheim)은 유토피아 의식을 강조합니다. 유토피아 의식이 단순히 미래 이상적인 세상을 꿈꾸는 데만 필요한 게 아니라고 말합니다. 유토피아 의식이 없으면 우리가 꿈꾸는 세상과 지금 우리가 사는 현실 사이 거리감을 상실하고, 지금 현실에 구속되어 지금 현실을 보는 눈도 지닐 수 없다는 것입니다. 늘 우리가 가능성의 세계를 생각하고, 지금보다 더 새롭고 인간다운 세상을 꿈꾸어야 하는 이유가 여기에 있습니다. 새로운 세상에 대한 꿈이 있어야 오늘 우리 시대의 모습이 잘 보입니다. 특히 오늘에 살면서 미래를 꿈꾸는 미래 세상의 주인공인 청년세대는 더욱 그래야 합니다.

우리는 왜 시험 능력주의를 갈망하는가?

언젠가부터 공정은 우리 시대의 새로운 화두가 되었습니다. 특히 청년세대에게는 더욱 그러한 양상이 엿보이고 있습니다. 이미 많은 수의 청년이 우리 사회가 공정하지 않다고 여깁니다. 물론 여기서 공정은 사회 전반에 걸쳐 폭넓게 작용하는 문제임이 틀림없습니다. 따라서 여러 차원을 다각으로 살펴 공정의 여부를 판단해야 합니다. 여기서 우리 청년세대가 생각하는 공정이란 다음과 같은 내용을 담고 있을 것입니다. 능력에 따라 정당한 평가가 이루어지고, 그 평가 정도에 상응하는 처우를 받는 공정을 말이지요. 이를 능력주의 차원의 공정이라고 합니다. 그런데 이처럼 공정이 시대의 화두로 떠오른다는 의미는 그만큼 우리 사회에 능력주의가 작동하지 않고, 능력에 따른 정당한 처우가 이루어지지 않는다는 하나의 방증이기도 합니다.

능력주의란 행위자의 능력을 기준으로 권력과 부를 차지하거나 배분하는 원리입니다. 그래서 능력주의 차원에서 공정하지 못하다는 것은 능력이 아닌 다른 기준에 따라 부와 권력이 좌우된다는 의미로 해석할 수 있습니다. 집안 배경이라든가, 나이, 출신 학교나 학벌, 지역 등이 평가의 기준으로 작용하는 것입니다. 21세기 대한민국을 살아가는 청년세대가 불공정의 배경으로 지목하는 기준에는 어떠한 공통점이 있을까요? 근대사회로 들어서면서, 특히 자본주의를 바탕으로 한 근대사회가 시작되면서 전근대적 관념이라고 비난받고 폐지하고자 한 낡은 사고방식이었습니다. 양반이니 상민이니 따지는 차별적 신분 제도와 아버지 이름에 따라 자식의 출세를 결정하는 악습, 지역이나 학벌, 나이에 따른 차별 등을 철폐하는 일 모두는 근대화를 위해 꼭 필요한 과정이었습니다. 따라서 이들 조건은 근대사회와 그 이전의 사회를 가르는 기준이 되기도 했습니다.

하지만 어찌 된 일인지 21세기 대한민국에서, 근대화가 이미 절정에 이른 우리 사회에서 다시금 차별을 없애자는 요구가 빗발치고 있는 것입니다. 특히 청년세대에서 능력주의를 향한 열망은 끊이지 않습니다. 아울러 청년세대가 우리나라를 부르면서 '헬조선'이라고 지칭하는 데는 역시 이러한 배경이 한몫 거들고 있습니다. 지금 우리가 살아가는 국가를 지칭하는 표현이 대한민국이 아니라 '조선'이고, 그 모습이 흡사 '지옥'을 방불케 한다는 의미입니다. 아무래도 청년세대 눈에 비치는 우리 사회의 모습이 퇴행하고 있음이 분명합니다. 전근대적 사고방식을 기반으로 한 조선시대로, 양반과 상민 출신을 나누는 봉건적 계급사회로 퇴행하는 동안 능력주의는 설 자리를 잃게 됩니다.

우리 사회에서 능력주의를 향한 요구가 점차 높아지면서, 공정한 경쟁과 평가의 방법으로 모두가 같은 문제를 풀고 그 결과에 따라 평가받는 시험에 대한 요구도 높아집니다. 다른 주관적 요소가 아니라 시험 문제라는 객관적 요소로 능력을 평가하는 게 공정하다는 것입니다. 우리 사회 이런 요구는 조국 사태 등을 거치면서 거쳤고, 그래서 대입에서 수학능력시험으로 뽑는 정시 비중이 늘어나고 수시 비중이 줄어들기도 했습니다. 시험이 능력을 가장 공정하게 평가하는 잣대라는 시험 능력주의를 선호하는 여론도, 청년세대 사이에서 높아지고 있습니다.

그런데 출신을 가리지 않고 모두가 한날한시에 같은 문제를 풀고 그 결과에 따라 다른 대우를 받는 시험 능력주의 시스템, 능력주의 상징으로서 시험에 대한 신뢰, 시험 성적이 높아야 우수한 사람이고, 그렇게 선발된 사람에게 권력과 부를 누리는 시스템에 대한 믿음까지. 이 모든 것은 최근이 아니라 이미 1500년 전 중국 수 나라에서 기원하였습니다. 수나라 황제 문제는 나라를 운영하는 데 참여하여 권력과 부를 누릴만한 자격을 지닌 인재를 출신이나 집안을 보고 뽑는 게 아니라 시험을 통해 선발하기로 합니다. 과목 시험을 통해 선발한다는 뜻인 과거제를 처음 도입한 것입니다.

수나라 황제는 왜 이러한 과거제라는 시험 능력주의 방법을 관리 선발에 도입하게 되었을까요? 과거제 이전에는 어떻게 관리를 뽑았을까요? 그 이전에는 추천을 받기도 하였지만,

주로 출신 집안을 중요하게 살폈습니다. 아버지가 누구인지가 중요했고, 그러다 보니 당연히 귀족이 권력을 세습했습니다. 특권층인 귀족끼리 권력을 나누어 가지다 보니 귀족 권력은 갈수록 강해지고, 황제 권력은 보잘것없었습니다. 귀족끼리 뭉치면 황제는 자기 사람 임명하기도 쉽지 않았습니다.

이러한 문제들을 해소하기 위해 황제는 집안이나 아버지를 보는 게 아니라 실력을 통해 나라를 운영할 사람을 뽑기로 합니다. 대대로 권력을 세습하는 특권 귀족의 힘을 누르고, 황제 권력을 강화하기 위해서였습니다. 능력도 없으면서 집안 배경 덕에 권력을 차지하는 사람들 때문에 나라가 잘 돌아가지 않는 문제도 개선하고 싶었습니다. 객관적인 시험을 치르고 그 결과로 능력 있는 사람을 추려서 나라를 맡기는 시험 능력주의 상징으로서 과거제는 이렇게 도입된 것입니다.

이런 과거제에 당연히 귀족은 반대했습니다. 대물림하던 자신들 기득권이 무너질 위기였기 때문입니다. '집안을 보고 뽑아야지. 그깟 종이 한 장으로 시험으로 나라를 운영할 이 중요한 일을 할 사람을 뽑으면 됩니까?' 귀족들이 반발했습니다. 하지만 황제도 물러서지 않았습니다. 과거제를 둘러싼 황제와 특권 귀족 사이 대립은 오래갔습니다.

결국 과거제가 관리 선발 방식으로 중국에서 정착된 것은 당나라를 거쳐 송나라 때입니다. 그 오랜 기간 기득권 귀족 세력이 과거제 도입에 저항한 겁니다. 과거제가 도입된 이후에는 할아버지가 아무리 유명한 사람이고 아버지가 아무리 높은 관직을 했어도 자식이 능력이 없으면 그 집안의 명맥을 유지할 수 없게 되었습니다. 결국 시험 능력주의인 과거제 도입으로 세습 귀족층이 해체되고 능력주의 사회로 변화가 찾아온 것입니다. 서구에서는 프랑스 혁명에서 보듯이 피의 혁명을 통해서 귀족층을 해체했습니다. 물론 영국은 아직도 귀족제의 흔적이 남아 있습니다. 그만큼 귀족층을 해체하는 게 어려운 일이라는 것을 세계사를 보면 알 수 있습니다.

과거제가 정착한 송나라 때부터 중국은 능력주의 사회로 변했습니다. 근대 사회와 비슷해집니다. 신분 차별이 없어졌습니다. 세습을 통해 지위를 누린 사람은 오직 황제 한 사람이었습니다. 너머지는 모두 양민으로 누구든 능력이 있어서 과거를 통과하면 고위 관직을 맡을 수 있게 됩니다. 농부의 자식이든, 공인의 자식이든 상관없고, 아버지가 고위 관료였어도 자식이 공부를 못하면 그걸로 그만이었습니다. 과거제라는 시험 능력주의가 도입되고 나서 세습적 신분제 역시 해체되며, 근대 부르주아 사회처럼 바뀐 겁니다. 그래서 역사학자들이 송나라 시대를 근대와 비슷한 시기라고 보면서 근세라고 부르기도 합니다. 누구나 과거에 응시할 기회의 평등은 보장하지만, 능력에 따라 차등 대우하는 결과의 평등은 없는 사회, 근대 사회와 비슷한 사회가 출현한 겁니다. 중국이 지금도 우리보다 더 심하게 능력에 따라 차등하여 대우하는 능력주의 사회인 것은 이런 오랜 역사적 전통 때문입니다. 송나라 때부터 중국인에게 능력주의 유전자가 새겨진 것입니다.

중국 역사에서 과거제가 정착하면서 일어난 변화는 세습 기득권을 해체하기 위해서는 능력주의를 도입하는 게 중요하다는 역사적 사례입니다. 이런 차원에서 보자면, 우리 청년세대가 권력과 부의 대물림을 막기 위해서, 특권층이 권력과 부를 세습하는 것에 반발하면서 능력주의를 외치는 것은 이런 역사적 맥락에서 보자면 충분히 이해할 수 있는 일입니다.

이런 의미를 지닌 중국의 과거제는 우리나라에도 도입됩니다. 능력에 따라 관료를 선발하는 선진 시스템으로서 과거제를 고려시대에 도입했으나, 고려 사회에도 중국과 비슷한 현상이 일어납니다. 태조 이성계를 도와 고려 왕조를 무너트리고 조선 건국의 기틀을 마련한 사람이 정도전입니다. 정도전은 과거제로 배출된 신흥사대부입니다. 과거제가 도입되면서 고려 귀족층이 흔들리고, 능력 있는 인재가 요직에 등장하기 시작하였고, 그것이 조선 건국에 중요한 인적 토대가 됩니다.

그런데 조선시대에도 이런 흐름이 계속 이어져서 조선 사회에서 세습 귀족층이 해체되고 능력주의 시대가 열렸을까요? 우리가 잘 알듯이, 그렇지 않았습니다. 조선에는 과거제만 있는 게 아니라 세습 신분제인 양반제가 같이 있었습니다. 물론 신분이 양반이 아닌 양민도 과거시험을 볼 수 있었습니다. 몇몇 신분에 제한은 있었지만 그래도 기회는 비교적 평등하게 제공되었습니다.

하지만 그 평등은 과거시험 참가 조건에서 평등일 뿐, 막상 과거시험을 준비하다 보면 신분 차이가 영향을 미쳤습니다. 과거시험을 준비하려면 무엇보다 경제적 여력이 있어야 합니다. 힘들게 낮에 농사일하면서 과거 준비하는 사람과 넉넉한 집안에서 매일 공부만 하는 사람과는 시험 준비에서부터 차이가 날 수밖에 없습니다. 양반집 아들은 독선생을 모시고 과거를 준비할 수도 있었습니다. 더구나 궁궐 경사라도 있게 되면 예정에 없던 과거시험이 갑자기 실시되기도 합니다. 이렇게 되면 넉넉한 양반집에서 시험 준비만 하는 과거시험 고시생이 유리할 수밖에 없습니다. 중국은 과거 제도를 통해서 귀족 제도가 해체되었는데, 조선시대는 양반제를 둔 채 과거제를 운영하다 보니까 오히려 과거제가 양반 이 누린 세습 기득권을 강화하는 수단으로 기능하게 됩니다.

중국과 다르게 우리나라에서는 과거제를 통해 양반 계급이 사라지지 않았습니다. 세습 특권층의 뿌리는 더 깊어지고, 양반층의 권한은 더욱 강해집니다. 이렇게 보면, 우리에게는 중국처럼 과거제를 통해서, 프랑스처럼 유혈혁명을 통해서 세습 기득권이 해체된 역사 경험이 없습니다. 근대 이후 자본주의 능력주의가 도입되었지만, 그렇다고 우리가 능력주의 사회로 바뀐 게 아닙니다. 일본식 근대화와 일본 문화의 영향으로 연공서열제가 도입되면서, 능력이나 하는 일과 상관없이 나이가 많은 사람이 더 좋은 대우를 받는 원리가 지배했습니다. 서열이 능력에 따라 결정되는 게 아니라 나이와 학력에 따라 결정됩니다.

일본 인류학자 나카네 지에(中根天枝)는 일본인의 특성을 다음과 같이 밝혔습니다. 일본인은 사람 사이 능력 차이가 크지 않다고 여기는 능력 평등의식이 있다고 말입니다. 그래서 일본은 미국과 같은 개인의 능력에 따라 평가하는 능력주의가 발달하지 않고, 학력이나 출신 학교, 나이, 입사 연도와 같은 그가 현재 속하거나 과거에 속했던 집단을 기준 삼아 일률적으로 평가한다고 지적합니다.

일본처럼 우리나라에서도 개인 사이에 능력에 차이가 없다는 능력 평등의식이 강합니다. 능력 차이를 잘 인정하지 않습니다. 그래서 개인을 소속 집단이나 나이 같은 일률 기준이 아니라 한 사람 한 사람 개인의 능력에 따라 평가하는 능력주의가 약합니다. 우리 문화적, 역사적 구조로 비추어 볼 때 우리 사회에는 능력주의 유전자가 그만큼 부족합니다. 우리 사회에서 최근에 젊은 세대를 중심으로 시험 능력주의를 갈망하는 데는 이런 우리의 역사적이고, 문화적인 상황에 대한 거대한 방향 전환 요구입니다. 여기에는 능력과 상관없는 공정하지 않은 기득권이 여전히 강하게 자리 잡고 있다는 지금 한국 현실에 대한 불만도 같이 작용하고 있습니다.

더구나 최근 들어 시험을 통해 인재를 선발하는 시스템이 축소되는 것도 청년들을 자극했습니다. 근대화 과정에서 우리 사회 능력주의 유전자가 지속하여 온 부분이 수험생이 같은 문제를 풀고 대학 입시를 겨루는 입시 시스템, 그리고 나라를 이끌 고위 공직자와 법률 담당자를 시험으로 뽑는 고시 시스템이었습니다. 그런데 이런 시험 방식이 과거보다 많이 축소되었습니다. 서류 전형이 크게 늘었는데, 이게 젊은 세대의 불만입니다. 공정하지 않다고 생각하고, 집안 배경이나 환경이 크게 작용할 수 있어서 여전히 시험 경쟁이 제일 공정하다고 여기는 것입니다. 대입에서 수능 확대를 주장하고, 고시 존치를 주장하는 여론이 바로 그렇습니다.

그런데 우리 사회를 공정하게 만들기 위해서 시험 능력주의 시스템을 부활하고, 지금보다 더 확대하는 게 좋을까요? 시험 능력주의 시스템 확대가 우리 사회를 공정하게 만드는 지름길일까요? 모든 시스템은 시스템을 성립시킨 조건이 달라지면 한계에 이르게 됩니다. 이런 차원에서 중국에서 과거제가 왜 폐지되었는지를 냉정하게 돌아볼 필요가 있습니다. 과거제라는 시험 능력주의가 잘 작동하기 위해서 몇 가지 조건이 필요합니다.

①시험이 공정하게 관리될 것

②모든 사람에게 시험 참여기회를 줄 것

③결과에 따라 우수한 사람에게 정당한 보상이 이루어질 것

④시험 준비를 위한 조건이 같을 것

⑤과잉 경쟁이 일어나지 않을 것

⑥낙방하거나 낮은 점수를 받은 사람이 그 결과에 승복할 것

우선 중요한 것만 꼽아도 이렇습니다. 이런 조건이 잘 갖추어지면 과거제는 능력에 따라 인재를 뽑는 좋은 시스템입니다. 그런데 주로 ④, ⑤에서 문제가 일어났고, ⑥의 문제도 마찬가지로 일어났습니다. 부잣집 출신이 아무래도 시험 준비를 더 잘할 수 있었고, 가난한 집 출신은 길수록 합격이 어려워졌습니다. 시험 준비 조건이 달라지면서 과거제가 기득권 유지 수단이 된 겁니다.

더구나 뽑는 사람은 적은데 시험 준비하는 사람은 많아서 너무 경쟁이 치열해졌습니다. 그래서 평생 급제를 못 하면서도 과거에 매달리는 사람이 나타났습니다. 그뿐만이 아니라 경쟁이 치열해서 자연스럽게 합격시키기 위한 시험이 아니라 탈락시키기 위해서, 문제와 답안이 복잡해졌습니다. 명나라 청나라 때 팔고문이라는 기이한 형식으로 시험답안을 작성하게 한 것이 대표적인 예입니다.

우리 수능에서 상위권 변별력을 위해서 수학과 국어에서 이른바 '킬문항'이 등장한 것과 같은 맥락입니다. 경쟁은 치열하고, 결국은 한 줄로 세워서 가려내야 해서, 불합리할망정 변별력을 고려한 문제를 낼 수밖에 없습니다. 근본 문제는 킬문항이 아니라 수능 제도 자체에 있습니다. 중국이 과거제를 폐지하게 된 이유도 여기에 있습니다. 과거제라는 시험능력주의 시스템을 탄생시킨 조건이 변하여 그 시스템이 한계에 이른 것이다.

그럼 과거제를 폐지한 것처럼 시험 능력주의를 완전히 폐기하는 게 해결책일까요? 우리 사회 현실에서는 쉽지 않습니다. 특히 우리 사회 공정한 능력주의라는 차원을 생각할 때,

시험 능력주의에 대한 우리의 문화적, 사회적 갈망을 생각할 때 그렇습니다. 모든 제도는 문화와 역사를 반영해야 합니다. 그렇지 않으면 남의 옷 같은 제도가 됩니다. 시험 능력주의가 잘 작동할 수 있는 조건을 마련하여 부분적으로 유지할 필요가 있습니다.

시험 능력주의는 능력에 따른 정당한 평가와 선발이라는 차원에서 보자면 시험을 유지하거나 확대하는 데 도움이 될 수 있습니다. 하지만 이것으로만 인재를 선발하는 것은 시대를 뒤로 돌리는 일입니다. 다양한 능력을 지닌 인재가 필요한 시대에 시험만으로 인재를 평가하는 데는 일정한 한계가 있습니다. 과거제와 같은 시험은 개성을 드러내는 인재를 발굴하는 데 분명한 한계가 있습니다. 인재를 다면적으로 평가하는 데 취약합니다. 과거제만으로는 우리 시대가 필요로 하는 다양한 인재를 발굴할 수 없습니다. 우리 시대에 필요한 우수한 인재에 대한 정의가 예전보다 다양해졌기 때문입니다.

루쉰은 과거를 치른 적이 있지만, 자발적으로 다음 단계 과거시험을 포기했습니다. 쉽지 않은 결정이었습니다. 그가 어렸을 때 집안이 기울고, 아버지마저 돌아가셨습니다. 당시 중국 사회 분위기로 보자면, 소년 가장이 된 장남 루쉰의 선택은 당연히 과거를 보는 것입니다. 과거에 합격하여 관료가 되는 길이 집안을 일으켜 세우는 데 가장 빠르고 효과적이었습니다. 공부를 잘하던 루쉰에게도 충분히 고려할만한 선택이었습니다. 루쉰의 어머니도 그걸 원했습니다. 하지만 루쉰은 신학문을 배우러 난징으로 떠납니다. 그런 선택에 루쉰의 어머니는 끝내 눈물을 보였다고 합니다. 그 당시의 사회 통념으로는 경서(經書)를 배워서 과거시험을 치르는 것이 정도(正道)였습니다. 반면에 양학(洋學)을 배운다는 것은 궁지에 몰린 사람이 서양 오랑캐에게 영혼을 팔아넘기는 짓이라고 사람들로부터 손가락질을 당했습니다. 물론 루쉰은 난징에서 공부하다가 돌아와서 어머니의 바람대로 과거를 치릅니다. 하지만 1차 시험만 치르고 포기해버립니다. 그리고 다시 신학문으로 배우러 난징으로 떠납니다. 그것으로 루쉰과 과거시험의 인연은 끝납니다.

루쉰이 과거시험을 포기하지 않고 당시 많은 청년이 그렇듯이 세상이 정한 길을 따라 관리가 되었다면, 오늘날 우리가 아는 루쉰, 우리가 읽는 루쉰 작품은 세상에 없었을지 모릅니다. 그의 재능이 묻혀버렸을지 모릅니다. 시인 이백(李白, 701~762)은 「술을 권하다(將進酒)」라는 시에서, "하늘이 내게 재능을 준 것은 분명 쓸 데가 있기 때문이다(天生我材必有用)" 라고 노래했습니다. 어디 이백만 그럴까요? 하늘은 모든 이들을 다 쓸 데가 있어서 다 다른 모습으로 내보냈습니다. 그 모든 다른 사람이 각기 다른 모습으로 저마다의 고유한 능력을 잘 발휘할 수 있는 평가 시스템과 그런 능력을 제대로 인정받을 수 있는 시스템을 마련하는 것, 그런 의미의 공정한 세상을 만드는 것은 새로운 세상을 만들기 위한 중요한 조건입니다.

02

베이징의 호모 이코노미쿠스는 왜 실패했는가?

시험을 통해 능력 있는 사람을 선발하고, 그 능력에 따라 대우하는 능력주의는 중국과 우리나라에서 서구보다도 일찍 시행했습니다. 그런데 근대사회로 접어들면서 이런 능력주의 시스템은 전 세계로 퍼지게 됩니다. 전통사회의 기반이었던 신분제가 해체되고 자본주의 체제가 도입된 게 큰 영향을 미쳤습니다. 귀족제가 해체되고 부르주아 세력이 등장하면서 사회의 구성원은 누구나 시민이 됩니다. 이제 사람들은 '노력하면 잘살 수 있다'고 생각합니다. 과거 제도가 없는 나라에서도 혁명을 통해서 계급 체계가 무너졌고, 자본주의 근대화가 시작되면서 변화가 일어난 겁니다.

그런데 근대인의 사고가 지닌 가장 중요한 특징은 무엇일까요? 여러 차원에서 전통 시대 인간과 다른 근대 인간의 사고 특징을 찾을 수 있을 겁니다. 권리 주체 의식이라든지, 인간 중심 사고라든지, 시간의 흐름에 따라서 발전하기 마련이고, 좋은 세상은 과거가 아니라 미래에 있다고 생각한다든지 등등, 여러 차원에서 근대인의 사고 특징을 지적할 수 있습니다. 그런데 근대 자본주의 시대에는 이런 생각과 더불어 주요한 새로운 관념이 사람에게 등장합니다. 하나에 하나를 더하면 그 값이 둘이 된다는 믿음, 그리고 이걸 증명하는 시대가 근대입니다. 이런 의미에서 보자면, 근대는 경제학의 시대입니다.

하나에 하나를 더하면 둘이 되기 마련이고, 아니 반드시 둘이 되어야 한다고 철석같이 믿으면서 그런 원리가 작동하는 도시를 찾아 성공을 위한 새 인생을 시작한 사람, 이러한 인물이 근대 베이징에 있었습니다. 전형적인 호모 이코노미쿠스가 있었습니다. 루쉰과 더불어 중국 근대 문학을 대표하는 작가 가운데 한 사람이 라오서(老舍, 1899~1966)가 쓴 소설에 나오는 인물입니다. 라오서 소설 『낙타샹즈(骆驼祥子)』에 나오는 주인공, 샹즈입니다. 소설 제목 '낙타샹즈'는 '낙타가 된 샹즈'라는 의미입니다.

이 소설은 나오자마자 미국에도 번역 출간되어 베스트셀러가 되었습니다. 많은 우리나라 사람들이 좋아하는 작품이기도 합니다. 이 소설은 호모 이코노미쿠스 샹즈의 실패기입니다. 자본주의 사회에 사는 우리는 누구나 노력을 통해 성공하고 싶어 합니다. 열심히 노력하면 돈도 많이 벌고, 성공할 수 있다고 믿습니다. 샹즈도 그런 믿음을 가진 사람이었습니다. 그런데 그는 왜 실패했을까요? 그는 어떤 생각으로 경제활동을 했고, 그가 실패한 원인은 무엇이고, 그의 실패가 오늘 우리에게 전하는 의미는 무엇일까요?

주인공 샹즈는 성공의 꿈을 안고 시골에서 베이징에 와서 인력거를 끕니다. 인력거는 중국에 없던 것으로, 근대를 상징하는 문물입니다. 양차(洋車)라고도 불린 근대 신문물이었고, 인력거꾼도 근대 문명과 함께 새로 탄생한 직업이었습니다. 지금 AI 분야에 뛰어들면 돈을 더 빨리 벌 수 있다고 사람들이 생각하는 것처럼 그 시대의 가장 첨단 직업에 뛰어든 것입니다. 샹즈는 새로운 시대를 상징하는 인력거를 끌면서 금세 돈을 벌 수 있다고 기대에 부풀게 됩니다.

　더구나 인력거를 끄는 일은 그 대가가 정직합니다. 샹즈는 자신이 인력거를 끌고 달리는 만큼, 노력한 만큼 돈을 모을 수 있다고 생각하고, 건강하고 체력에 자신 있는 샹즈는 자신만만합니다.

　샹즈는 계산을 합니다. '하루에 10전씩 남긴다고 셈하였을 때, 1000일 동안 일하면 100원짜리 내 인력거를 살 수 있다.', '나는 담배도 피우지 않고, 술도 마시지 않고, 도박도 하지 않고, 별다른 취미 생활도, 딸린 식구도 없다. 그러니 그저 이를 악물기만 하면 돈을 모을 수 있다. 일 년 반 만에, 내 인력거를 장만하고 말 것이다.' 샹즈가 자기 인력거를 갖는 것은 지금으로 치면 회사 택시를 운전하다가 돈을 모아 개인택시를 장만하겠다고 생각하는 것과 비슷합니다. 자기 인력거만 있으면 편하게 살 수 있다고 생각하고, 오직 자기 인력거 갖는 것만 생각하면서 살아갑니다. 그 희망, 그 꿈 때문에 노동이 힘들어도 힘든 줄 모릅니다.

　그의 꿈대로 샹즈는 실제로 3년 만에 인력거를 사는 데 성공합니다. 자기 인력거를 사던 날, 샹즈는 너무도 기뻐합니다.

당연합니다. 시골 청년이 성공의 꿈을 지니고 베이징에 와서 이제 성공의 초석을 마련한 셈이니까요. 얼마나 기뻤던지, 샹즈는 인력거를 산 날을 아예 자기 생일로 삼습니다.

그리고는 다시 계산을 시작합니다. 한 대를 사는 데 이만큼 시간이 걸렸으니까 또 이렇게 돈을 모으면 두 대를 사고 금세 세 대를 사겠다고 계산을 합니다. 멀지 않아서 인력거 회사를 차릴 수 있다는 꿈도 꿉니다. 지금으로 치면 택시 회사를 차리는 꿈입니다.

그렇다면 샹즈는 그 꿈을 이뤘을까요? 샹즈가 꿈을 이루지 못했으니까 소설의 주인공으로 등장한 거겠지요. 샹즈는 인력거 회사를 차리지도 못하고, 결국 자기 자가용 인력거를 갖지 못합니다. 겨우 장만한 인력거조차 사라집니다.

샹즈에게 무슨 일이 일어난 걸까요? 샹즈는 그야말로 호모 이코노미쿠스라고 할 수 있는 사람입니다. 그토록 경제적 인간인데 왜 자본주의가 경제가 퍼져가는 경제 공간 베이징에서 근대의 약속인 '1+1=2'의 꿈을 실현하지 못했을까요?

샹즈는 순진하고 착합니다. 금욕주의자이기도 합니다. 술도 안 마시고, 차는 마시지만 그렇다고 비싼 차는 마시지 않습니다. 담배도 피우지 않고, 도박도 하지 않습니다. 성을 산다든지, 그 당시 인력거꾼들이 하는 타락한 일과도 거리가 멀었습니다. 물론 이기적이기도 합니다. 돈을 모아야 하니까 다른 사람한테 밥 한 끼도 사지 않을뿐더러 차 한 잔 사는 일조차 없었습니다.

그는 오직 돈만이 진짜라고 여겼습니다. 알뜰살뜰 돈을 모으고 성공하려는 생각뿐이었고, 악착같이 한 푼, 두 푼 계속 모으고, 돈을 쌓아가면 금세 성공할 수 있다고 믿었습니다. 막스 베버(Max Weber)가 자본주의 정신을 프로테스탄티즘 윤리에서 찾았듯이 돈벌이와 성공을 향한 자본주의적 믿음과 생활 측면에서 그는 완벽한 신앙인이었습니다.

그런데 샹즈는 결국 성공하지 못합니다. 어렵게 마련한 첫 번째 인력거는 당시 정치적인 혼란 때문에 군대 끌려갔다가 빼앗깁니다. 그다음에 마련한 두 번째 인력거도 아내 약값 등을 마련하느라 팔게 됩니다. 그런 과정이 반복되면서 결국 평생 자기 인력거를 한 대도 갖지 못합니다.

소설에서는 그렇게 결국 인력거도 갖지 못하고 성공도 하지 못한 채 타락한 샹즈를 '짐승이 되었다'고 묘사합니다. 샹즈는 법 없이도 살 수 있을 만큼 선량했고, 자신의 노력만으로 성공하겠다는 꿈을 가진 성실히 노력하는 청년이었습니다. 하지만 계속해서 자기 인력거를 장만하지 못하게 되면서, 점차 비극적으로 타락하게 됩니다. 결국 샹즈는 온갖 나쁜 짓을 다 하게 됩니다. 남을 속이기도 하고, 돈에 은인을 팔기도 합니다. 인력거 손님을 속이는 악덕 인력거꾼이 되고, 나중에는 돈이 된다면 손님까지도 팔아 버립니다.

순박하고 성실한 시골 청년 샹즈가, 성공을 위해 금욕적인 삶을 살던 샹즈가, 어쩌다가 짐승으로 타락하게 된 걸까요? 샹즈는 자기 잘못이 아니라고, 이 모든 건 운명 때문이라고 말합니다. 노력했지만 결국 성공을 이루지 못했다고 한탄합니다. 운명의 덫 때문에 이렇게 될 수밖에 없었다는 겁니다. 그러면서 샹즈는 생각합니다. 어차피 운명이 자신을 옥죄고 있다면, 어떻게 해도 성공하지 못할 수밖에 없다고 말입니다. 그리고 모든 걸 포기해버립니다. 아무리 잘해보고자 애를 써도, 그 일이 성공하고 실패하는 건 하늘에 달려 있다고 생각합니다. 노력해도 뜻하는 게 이루어지지 않는다면, 더구나 자기 탓이 아니라 세상 때문에 실패한다면 샹즈처럼 자포자기할 수 있습니다. 샹즈는 노력하며 살 필요 없다고 생각합니다. 그리고 앞으로는 편하게 남을 속이며 살겠다고 결심합니다. 샹즈가 타락하고 만 것입니다.

그렇다면 샹즈가 실패한 원인은 무엇일까요? 샹즈가 타락하게 된 원인은 무엇일까요? 샹즈는 어쩔 수 없는 운명 때문에 자신이 실패했다고 생각하는데, 소설에서 그 운명의 올가미를 상징하는 인물로 샹즈의 아내가 등장합니다. 그의 아내가 그의 올가미였던 것은 사실입니다. 하지만 중요한 원인은 다른 데 있습니다. 무엇보다 나라가 혼란하고 사회가 병들었기 때문입니다. 나라가 안정되고, 내전을 방불하는 싸움이 없었다면 군인들에게 끌려가서 처음 장만한 인력거를 잃지 않았을 겁니다.

이것은 샹즈가 책임질 문제가 아닙니다. 당시 혼란한 나라 상황 때문에 일어난 일이고, 샹즈는 희생을 당했습니다. 세상이 바르지 못하고 나리와 정치가 혼란스러우면 성실하고 바른 개인이 아무리 노력해도 헛일입니다. 내 온전한 삶을 위해서 세상을 바르게 세우고, 낡고 뒤틀린 세상을 고쳐 새로운 세상을 만들어야 하는 이유가 여기에 있습니다. 샹즈는 시대의 희생자였습니다.

하지만 샹즈에게도 원인이 있습니다. 무엇보다 그의 개인주의에서 샹즈가 실패한 원인을 찾을 수 있습니다. 라오서는 소설 마지막에서 샹즈의 타락과 비극을 '개인주의자의 종말'이라고 정의합니다. 그는 어떤 의미의 개인주의자일까요? 함께 일하는 동료 인력거꾼들에게 차 한 잔 대접하거나 속마음을 터놓고 이야기를 나눠본 적조차 없었습니다. 오직 자신의 출세, 자기 돈벌이만 생각했습니다. 성실하고 착했지만, 주변에는 무관심한 사람이었습니다. 자신과 비슷한 처지인 사람과 소통하려고도 하지 않고, 그들의 아픔에 공감하지도 않습니다.

소설에서 샹즈가 다른 사람에게 뭔가를 베푸는 일은 딱 한 번 등장합니다. 다른 인력거꾼은 성공하지 못해도 나는 성공할 수 있다고 믿으면서 다른 인력거꾼과 자신은 다른 사람이라고 생각합니다. 세상일에도 무관심합니다. 오직 개인의 성공과 돈벌이만 생각합니다. 샹즈의 개인주의는 샹즈 삶 전체를 병들게 했고, 결국은 실패의 원인이 되었습니다.

또 다른 실패 원인도 있습니다. 샹즈는 노력과 근검절약, 돈 벌이를 통한 성공을 믿는다는 점에서는 호모 이코노미스트였지만, 돈의 생리를 몰랐습니다. 다른 사람은 은행에 돈을 맡기고, 돈이 돈을 벌게 할 때, 그는 번 돈을 방에 숨겨서 모아둘 뿐이었습니다. 그러다가 그렇게 모아둔 돈을 다 빼앗기기도 합니다. 노동을 통해서 돈을 벌고, 그 돈을 모아서 불릴 줄만 알았습니다.

돈으로 돈을 불리는 게 노동으로 돈을 불리는 것보다 더 큰 이익이 된다는 것을, 그것이 부자 되는 지름길이라는 걸 몰랐습니다. 샹즈는 노동의 신성함을 믿었는데, 그의 노동은 끝내 그의 성공의 꿈을 배반했고, 그에게 남은 건 병든 몸과 타락한 마음뿐이었습니다. 그 병든 몸과 타락한 마음을 지닌 채 그는 세상에 홀로 남겨졌습니다.

샹즈는 시골에서 농사짓다가 성공의 꿈을 안고서 근대 자본주의가 막 태동하던 베이징에 왔습니다. 가진 건 아무것도 없고, 튼튼한 몸과 타고난 성실함으로 밑바닥에서부터 시작하여 성공하고 싶었습니다. 자본주의 성공 신화를 쓰고 싶었습니다. 샹즈 같은 사람들 당시에 많았습니다. 발전하는 도시는 기회의 땅이었습니다. 샹즈가 산 베이징도 그렇고, 상하이도 그랬습니다.

루쉰은 그의 생애 마지막 10년가량을 상하이에서 살았습니다. 1920년대 1930년대 상하이는 상하이의 절정이자 세계에서 가장 호화롭고, 가장 타락하고, 가장 돈 벌 기회가 많은 도시이기도 했습니다. 부자 되는 꿈을 안고 상하이로 몰려들었습니다. 중국인은 물론이고, 조선인을 포함하여 세계인이 몰려들었습니다.

루쉰은 바닥에서부터 시작하여 위로 올라가기 위해서 쉼없이 노력하는 사람을 보면서 생각합니다. 다른 사람은 다 실패해도 나는 성공할 수 있다고 믿으면서 저렇게 오늘도 열심히 기어오르려는 노력하는 사람들 가운데 얼마나 성공할까? 영리한 사람들은 저런 순박하고 성실한 사람을 다른 사람을 밀치고, 짓밟고, 마음대로 규칙을 어기면서 올라가는데, 순박하고 성실한 사람들이 그들을 이길 수 있을까? 루쉰은 이런 생각을 하면서 글을 씁니다.

기어오를 수 있는 사람이 매우 적다 하더라도, 사람들은 자신이 바로 기어오를 수 있는 사람이라고 생각한다. 그래서 편안한 마음으로 밭을 갈고 씨를 뿌리며, 인분 거름을 내거나 천대를 받으면서도 부지런히 일하며, 고난의 운명을 짊어지고 자연과 싸우면서 죽어라 기고, 또 기고, 또 긴다. 하지만 기는 사람은 많은데 길은 하나뿐이어서 몹시 붐비게 된다.

성실하게 정해진 규칙을 지키며 기는 사람들은 대부분 기어오르지 못한다. 영리한 사람들은 다른 사람들을 밀어낼 줄 알아서 다른 사람들을 밀치고, 넘어뜨리고, 발로 짓밟고, 다른 사람들의 어깨와 머리를 밟고 기어 올라간다. 하지만 대다수는 사람들은 그저 기면서 자기의 원수가 자기 위에 있는 사람이 아니라 옆에 있는 사람, 요컨대 자기와 같이 기고 있는 사람 때문이라고 생각한다. 그들 대부분은 모든 것을 인내하면서 두 발과 두 손을 땅에 붙이고 한 걸음 한 걸음 기어오르다가 떠밀려 내려오고, 떠밀려 내려오면 다시 기어오르고, 그침이 없다.

-루쉰, 「기어가기와 얻어걸리기」, 『풍월 이야기』

루쉰은 샹즈와 같은 사람이 성공하지 못하는 현실을 비관적으로 묘사합니다. 다른 사람은 다 실패해도 자신은 성공할 수 있다고 생각하면서 노력하지만, 성실하게 노력하는 사람을 짓밟고, 규칙도 어기고, 다른 사람을 발로 차기도 하는 영리한 사람이 더 위로 올라가서 성공합니다. 그런데도 대다수 사람은 자신의 적이 그런 영리한 사람이 아니라 옆에서 자기처럼 성실하게 노력하면서 기어오르려는 사람을 자신의 적이라고 생각하는 현실을, 루쉰은 비판합니다. 그러면서 떠밀려 내려오면 또다시 기어오르고, 그침 없이 반복 노력하는 슬픈 현실을 묘사합니다.

루쉰이 묘사한 상하이의 모습은, 베이징에서 낙타라 불린 샹즈의 모습이자, 어쩌면 오늘도 베이징, 상하이, 서울, 뉴욕에서 볼 수 있는 모습일 수 있습니다. 샹즈의 인생, 그의 성공을 향한 열망과 그의 실패에는, 루쉰이 묘사한 상하이의 기어오르는 인간 군상의 묘사에는 오늘 우리 삶의 한 초상이 들어 있는 것입니다.

샹즈는 경제적 인간이었습니다. 오직 돈을 벌어 성공하는 것만 생각했습니다. 부자가 되는 것 말고 다른 목표가 없었습니다. 샹즈 삶의 진정한 실패는 그가 돈을 벌어 성공하는 데 실패했다는 것이 아닙니다. 삶의 목표가 오직 돈과 성공뿐이어서 초라한 영혼일 것입니다. 그는 진정 가난한 삶을 살았습니다. 영혼이 가난한 삶을!

03

지혜로운 사람은 달을 본다

　우리나라 태극기는 세계 국기 가운데 가장 철학적입니다. 서로 다른 속성을 지닌 존재가 어떻게 조화를 이루며 살아가는지에 관한 철학적 메시지를 담고 있습니다. 태극기를 보면, 태극이라는 둥근 원이 가운데에 있고, 양과 음을 상징하는 빨강과 파랑으로 나뉘어 있습니다. 그런데 빨강과 파랑은 칼로 그은 것처럼 둘로 나뉘어 있지 않습니다. 빨강으로 파랑이 들어가고, 파랑이 빨강으로 들어갑니다. 파랑 속에 빨강이 있고, 빨강 속에 파랑이 있습니다. 이런 파랑과 빨강은 태극이라는 둥근 원 안에 공존합니다. 태극 안에서 음과 양은 서로 의존하며 평등합니다.

태극 안에서 이들은 서로 갈마들어 세상 만물을 새롭게 합니다. 하나의 태극에서 음과 양이 존재하기 때문에 이것은 일원적 이원론(二元論)입니다. 이때 둘의 관계는 단순한 적대적 이분법이 아닙니다. 하나 안에서 둘입니다.

태극을 하나의 존재로 보면, 존재 안에는 서로 다른 속성을 지닌 음과 양이 같이 들어 있습니다. 이 둘은 다르면서도 그 다름으로 하나의 존재를 있게 하고, 그 존재를 발전시키는 근원입니다. 태극에서 빨강만 있으면 태극은 의미를 잃고, 더는 생성하지 못합니다. 서로 의지하고 서로 보완하는 파랑이 없기 때문입니다. 태극을 하나의 존재로 보면, 존재 안에는 서로 다른 속성을 지닌 음과 양이 같이 들어 있습니다. 이 둘은 다르면서도 그 다름으로 하나의 존재를 있게 하고, 그 존재를 발전시키는 근원입니다. 다른 것이 서로 공존하고 조화하는 것이 만물이 생성하고 성장하는 근본 원리라는 지혜가 담겨 있습니다.

우리는 이런 태극 정신의 후손입니다. 하지만 태극기는 소중히 하면서도 태극기에 담긴 지혜는 소중하게 생각하지 않습니다. 태극의 정신과 정반대인 경우가 우리 현실에서 늘고 있습니다. 서로 다른 사람, 다른 생각을 지닌 사람 역시 전체의 한 부분이라는 것을 인정하지 않고, 같이 조화를 이루려고도 하지 않습니다. 심지어 상대를 제거해야 할 대상으로 여깁니다. 특정 정체성만의 세상을 꿈꿉니다. 정파 사이의 갈등, 젠더 갈등이 높아지는 한 이유입니다.

장이머우 감독의 영화 〈붉은 수수밭〉(1989)은 중국에서 처음으로 노벨 문학상을 탄 작가인 모옌(莫言)의 소설을 영화로 만들었습니다. 세계적 명작으로 꼽히는 영화입니다. 이 영화는 원시적 열정에 대한 찬가입니다. 영화 제목인 붉은 수수밭은 원시적 열정을 상징하며, 영화에는 원시적 열정을 상징하는 붉은 태양, 황토, 붉은 수수밭, 불이 붙을 정도로 독한 붉은 고량주 등의 오브제가 다수 등장합니다. 붉은 고량주는 현실에 없지만, 이 영화에서는 붉은 원시적 열정을 상징하기 위해서 붉은색 술을 등장합니다. 영화 주인공 두 사람은 원시적 열정을 지닌 영웅입니다. 그런데 이 두 사람은 어떻게 원시적 열정을 지닌 영웅이 되었을까요?

여주인공의 이름 추알(九二)은 중국어 발음대로 읽을 때

'추알'이지만, 한자로 읽으면 '숫자 9(九)가 두 번 있다'는 의미입니다. 9월 9일에 태어나 9가 겹쳤다고 해서 그녀의 아버지가 지은 이름입니다.

중국 문화에서 홀수는 양(陽)의 숫자입니다. 그래서 9는 홀수 중 가장 큰 수로 양기가 가장 충만한 숫자이며, 가장 지위가 높습니다. 중국에서 9가 황제를 상징하는 숫자인 것은 이 때문입니다. 황제의 거주지인 베이징 자금성에는 9의 상징으로 가득합니다. 천안문을 비롯하여 자금성 문마다 9개의 장식이 9줄 박혀 있습니다. 계단도 마찬가지입니다. 모두 9의 배수로 되어 있습니다. 이처럼 9는 양의 숫자이고, 전통적인 음양론으로 보자면 양은 남성을 나타냅니다.

그런데 여성 이름이 두 개의 9로 되어 있다는 것은 그 자체로 역설적입니다. 그녀의 이름은 여성인 그녀에게 내재한 남성성을 상징합니다. 여성에게 남성적인 상징을 부여했다고 볼 수 있는 것입니다. 분석심리학에서는 남성과 여성이라고 해서 한 가지 속성만 지니지 않는다고 말합니다. 남성에게도 여성성이 있고, 여성에게도 남성성이 있다고 말합니다. 남성 속의 여성적인 속성을 '아니마'라고 부르고, 여성 속의 남성적인 속성을 '아니무스'라고 부릅니다. 누구나 그렇습니다. 건강한 자아를 위해서는 남성은 자기 내부의 여성성인 아니마를 인정하고, 그것을 자기 인격의 일부로 인정하면서 무의식의 영역에서 의식의 영역으로 끌어올려 인정해야 합니다. 여성 역시 자기 내부에서 사회적, 개인적 요인 등으로 억압된 남성성인 아니무스를 인정해야 합니다. 그래야 자아가 전체로서 온전해지고, 건강해집니다.

〈붉은 수수밭〉의 주인공에게도 여성이지만 남성적인 속성인 아니무스가 잠재되어 있습니다. 영화에서 그녀의 이름은 그 표현입니다. 영화에서 여주인공은 나병 환자에게 팔려 가게 되는 위기를 맞습니다. 그 과정에서 원래 떠돌이였던 남자 주인공이 여자를 구해 줍니다. 우여곡절을 겪으며 두 남녀가 맺어지게 되는데, 두 사람은 술도가를 운영하며 붉은 고량주를 만듭니다.

이 두 사람의 만남은 서로를 새로운 사람으로 태어나게 합니다. 여주인공은 이름에는 양기가 충만하지만, 과거에는 오직 여성성에 지배당하면서 살았습니다. 강요된 여성성 속에서 살았던 것입니다. 그런데 남자 주인공과 만나면서, 그녀 안에 내재한 남성적인 속성이 밖으로 드러나고 새로운 인생을 삽니다. 영화 후반으로 갈수록 그녀의 남성성이 더욱 짙어집니다.

그렇다면 남자 주인공은 어떻게 되었을까요? 원래 그는 거친 야성을 지니고, 구속받지 않는 삶을 살던 산적이었습니다. 남성성으로 충만한 삶을 살았습니다. 건강한 근육으로 단련된 웃통을 벗고 붉은 태양을 받으면서 붉은 수수밭과 붉은 황토에 우뚝 서 있는 그의 모습이 그걸 상징합니다. 그런데 여자와 살림을 차린 뒤로는 집안에서 생활하면서 여주인공을 따라서 생활합니다. 자기 안에 잠재해 있던 여성성이 점차 드러납니다. 그는 이제 거친 야성이 줄어들고 성숙하고 온전한 인격체로 새롭게 태어납니다.

이렇게 남녀 주인공 두 사람은 온전하게 인격체가 되고, 영웅이 됩니다. 두 사람이 변하는 계기가 둘의 만남이었습니다. 남성은 여성의 무의식 안에서 잠자던 남성성인 '아니무스'를 깨우고, 여성은 남성의 무의식에 잠들어 있던 여성성인 '아니마'를 깨웠습니다. 두 사람이 원시적 열정을 지닌 영웅인 것은, 문화적 억압이 차단된 외딴곳, 붉은 수수밭이라는 유토피아 공간에서 산 때문이기도 합니다. 남성적인 것, 여성적인 것에 관한 문화적 억압이 제어되자 자기 안에 있던 원시적 열정이 되살아난 것입니다. 우리 안에 있는 잠재된 열정이 깨어나고, 온전한 인격체가 되는 한 비결이 여기에 있다고 영화는 말합니다.

남성적인 것과 여성적인 것에 관한 고정된 시각에 균열을 내는 작품을 한 편을 더 살펴볼까요? 이번에는 소설입니다. 장아이링(張愛玲, 1920~1995)이라는 작가가 쓴 소설 「붉은 장미, 흰 장미」입니다. 장아이링은 리안 감독의 영화 〈색계〉(2007)의 원작을 쓴 작가이자 중국 여성 문학을 대표하는 작가입니다.

남자 주인공 눈에 여성은 붉은 장미와 흰 장미 두 가지 속성만으로 나눌 수 있습니다. 어떤 여성은 붉은 장미이고 어떤 여성은 흰 장미인 것입니다. 모든 여성은 이 둘 중 하나입니다. 그의 기준대로면 붉은 장미는 밝고 화려하고 성적으로도 개방적인 여자의 속성을 의미합니다. 반대로 흰 장미의 속성은 가정적이고 순종적인, 전통적인 여성상을 의미합니다. 주인공은 전통적인 여성상인 흰 장미 같은 여성과 결혼하지만 붉은 장미 속성을 지닌 여성과 외도를 하기도 합니다.

하지만 이야기에는 반전이 있습니다. 붉은 장미 속성을 가졌다고 여긴 여성은 나중에 흰 장미의 속성을 보여줍니다. 그리고 흰 장미인 줄 알았던 자기 부인은 나중에 다른 남자와 외도를 저지릅니다. 흰 장미 여성이 붉은 장미 여성으로 바뀌게 된 것입니다. 붉은 장미, 흰 장미 두 가지 가운데 하나로 여성을 보는 남자 주인공의 시각 자체가 파탄을 맞습니다.

사람을, 특히 여성을 한 가지 속성으로 규정하려는 폭력의 시선을 장아이링은 통쾌하게 무너뜨립니다. 붉은 장미든 흰 장미든, 여성이든 남성이든 사람을 자의적으로 본질화하려는 시도를 비판합니다. 이는 억압이기 때문입니다. 더구나 사람은 한 가지 속성만 지니지 않습니다. 다양한 속성을 함께 가지고 있는 게 사람입니다. 분석심리학은 우리 안에 있는 다른 속성까지도 모두 소중하게 생각하는 게 인생의 행복 조건이라고 말합니다.

지혜로운 사람은 달을 볼 때, 보름달에서도 어둠을 보고, 달이 없는 삭 때에도 밝음을 봅니다. 삭 때는 달이 보이지 않습니다. 하지만 달이 우리 눈에 보이지 않을 뿐, 달이 하늘에 없는 것은 아닙니다. 온통 어둠으로 채워져서 달이 없는 것처럼 보입니다. 어둠이 가장 커지고 밝음이 가장 작아진 상태가 삭시기 달입니다. 반대로 보름달은 밝음이 가장 커지고 어둠이 가장 작아진 상태입니다. 밝음과 어둠이라는 두 가지 상반된 속성은 달에 늘 존재하면서 결국 달이라는 전체를 이룹니다. 달은 늘 둥근 모습 하나입니다. 우리는 달을 볼 때 밝은 면만 봅니다. 하지만 지혜로운 사람에게 달은 늘 둥근 원이고, 둥근 원을 생각하면서 밝은 면과 어두운 면을 같이 봅니다. 상현달에서도 초승달에서도 밝은 면만 아니라 어두운 면을 같이 보면서 둥근 원을 떠올립니다. 달은 어둠과 밝음이라는 두 가지 대립 속성을 늘 함께 가지고 있습니다. 다만 우리가 밝은 부분만을 볼 뿐입니다.

달이 밝음과 어둠을 같이 지닌 채 시간에 따라 변하듯이, 모든 사람, 모든 존재에게 음과 양은 하나에 같이 들어 있습니다. 음의 속성만 지닌 것은 없고 양의 속성만 지닌 것 역시 없습니다. 달을 보면서 다른 속성을 지닌 것, 서로 대립하는 것을 대하는 우리의 지혜가 늘었으면 합니다.

04

인은 넘치되 의는 넘치면 안 되는 까닭

한국은 유교 문화 영향이 강합니다. 유교를 상징하는 가치는 의(義)와 인(仁)입니다. 의는 옳음 혹은 정의이고, 인은 어짊입니다. 유교의 핵심 사상가인 공자와 맹자 두 사람 모두 강조하는 가치입니다. 의와 인 두 가지 모두 좋은 세상을 만드는 데 중요합니다. 정의로우면서도 어질다면 사회도 그렇고 개인 인격이나 품성 차원에서도 더할 나위 없이 좋을 것입니다. 그런데 이 둘 가운데 굳이 하나를 택하자면 어느 것을 택해야할까요? 좋은 세상을 만드는데 어느 것이 더 중요할까요?

우리 사회 분위기로 보면 아마도 의로움, 정의를 선택하는 비율이 높을지 모르겠습니다. 새로운 정권이 들어설 때마다

정의나 공정 등이 정책의 목표로 등장하는 것만 봐도 그렇습니다. 우리 사회가 그만큼 정의 실현에 목말라 있다는 방증입니다. 한국인이 의를 중시하는 데는 역사적 요인도 있습니다. 많은 외침을 당한 역사, 나라를 잃었던 경험, 독재 시대 등을 거치면서 의를 추구하는 게 사람 됨됨이의 기본이자 나를 이끄는 핵심이 되었습니다. 한국인은 정의와 도덕, 옳음을 추구하는 성향이 매우 강합니다. 그런 성향이 목숨을 건 독립운동과 민주화 운동의 촉진제였고, 오늘 대한민국을 있게 한 하나의 동력이었습니다.

중국 송나라의 시인 소식(蘇軾, 1036~1101)에게 의와 인 가운데 무엇이 중요한지 물으면 그는 인을 들 것입니다. 그는 이렇게 말합니다. "인은 지나쳐도 되지만 의는 지나치면 안 된다.(仁可過也 義不可過也)" 이 의미는 이렇습니다. 인과 의, 두 가지 다 개인과 사회가 추구할 최고 가치라는 것은 분명합니다. 하지만 인은 자애로운 마음이어서 지나쳐도 상관이 없습니다. 맹자는 인을 차마 못 하는 마음, 측은하고 짠하게 여기는 마음이라고 하듯이 사람이든 동물이든 자애롭게 대하는 마음입니다. 그런데 옳음을 추구하면서 너무 엄격하게 고집

하면 잔인해질 수 있습니다.

때로는 정의가 세상에서 가장 무서운 칼이 될 수 있습니다. 그리고 정의는 역사적 환경에 따라 시대에 따라 변하기도 합니다. 내가 생각하는 정의의 개념으로, 혹은 특정 시대가 믿는 정의의 개념으로 재단에 버리면 상대를 제압하는 가장 무서운 칼이자 억압의 무기가 될 수 있습니다.

그리스 신화에서 지혜의 신인 아테나는 동시에 전쟁의 신이기도 합니다. 지혜를 통해 올바르다고 판단된 것은 전쟁을 통해서라도 관철해야 하고, 그렇게 수행된 전쟁은 정의롭다는 의미를 담고 있습니다. 지혜가 정의라는 이름으로 전쟁의 도구가 되고, 칼이 되는 게 한 순간에 일어날 수 있습니다. 권력이 정의라는 이름을 빌릴 때 주의 깊게 생각해야 하는 것은 이런 이유 때문입니다. 권력과 정의가 만나면 정의를 제대로 실현하기보다는 정의라는 이름으로 권력욕과 사리사욕을 채우고, 반대파를 억압하는 수단이 되기도 합니다. 권력이 정의와 공정 같은 도덕적 가치 추구를 내세우면서 국민을 짠하게 여기는 어진 마음이 없으면 그 권력은 국가와 국민에게 큰 재난입니다.

동아시아 문화권에서 '권력'이라는 말은 근대에 생긴 단어입니다. 근대 이전에는 권력이라는 단어가 없었습니다. 그런데 '파워(power)'라는 단어가 서구에서 들어오자 이것을 어떻게 번역할지 고민합니다. 물론 권세를 뜻하는 '권(權)' 자는 예전에도 있었습니다. 결국 권세를 나타내는 글자에 힘을 나타내는 '력(力)'을 합쳐 권력이라는 단어를 새로이 만들었습니다. 이것을 서구에서 들어온 파워에 대응하는 개념으로 사용한 것입니다.

여기서 권력이란 내가 세상을 움직이는 힘입니다. 하지만 원래 '권(權)'이라는 한자에는 중요한 다른 의미가 담겨 있습니다. 권에는 권세라는 뜻과 함께 저울이라는 뜻도 있습니다. 막대 저울을 떠올리면 이해하기 쉽습니다. 저울을 달 때는 중심 추를 이쪽저쪽으로 옮기면서 중심을 잡아 무게를 잽니다. 이러한 의미가 권력을 뜻하는 권이라는 글자에 들어 있습니다.

여기서 우리는 권력이라는 단어의 의미를 새롭게 발견할 수 있습니다. 권력을 추구하는 정치인 중에는 권력을 잡는다는 것을 내가 하고 싶은 일은 내 마음대로 할 수 있고, 내가 싫어하는 사람을 혼낼 수도 있고, 내가 갖고 싶은 것을 마음대로 가질 힘을 갖는 것으로 여기는 사람이 많습니다. 루쉰 소설 「아Q정전」에 나오는 주인공 아Q도 그런 목적으로 혁명에 가담하여 권력을 가지려고 합니다. 자기 마음에 들지 않은 사람에게 복수하고, 자기가 갖고 싶은 물건, 심지어 원하는 여자도 마음대로 차지하기 위해서 새로운 권력에 다가가려고 합니다. 권력을 힘이라고 생각하는 대표적인 인물입니다.

하지만 권력은 힘이기도 하지만 균형을 잡는 저울추이기도 합니다. 권력을 쥔 리더는 힘을 휘두르는 사람이 아니라 균형을 추구하는 사람이어야 합니다. 늘 균형을 생각하는 저울추와 같은 역할을 하는 사람이 권력자입니다. 어느 한쪽이 힘이 약하면 그 약한 쪽으로 힘을 실어 주는 게 권력의 역할입니다. 여기서 권력자에게 어진 마음, 인의 정신이 필요합니다. 힘이 약한 사람과 세력을 짠하고 측은하게 여기는 마음이 있어야 약한 쪽으로 추를 움직여 균형을 잡으려는 마음이 일어날 수 있기 때문입니다. 그래서 권력자의 조건은 균형 감각이고, 그 균형 감각은 인을 소중하게 생각하는 마음에서 나옵니다. 정의나 공정 같은 추상적인 도덕 가치를 내세우길 즐기는 권력자가 위험한 것은, 그것을 빙자하여 사욕을 취하고, 자신이 규정한 정의와 공정의 기준을 내세워 권력의 힘으로 생각이 다른 사람을 억압할 수 있기 때문입니다. 회사에서든, 국가에서든 권력자라면 '권'이라는 글자에 힘의 의미와 더불어 저울의 의미가 담겨 있다는 것을 새겨야 합니다.

권력을 제대로 이해하는 일이 필요합니다. 어진 마음과 균형의 의미를 생각지 않고 거침없이 휘두르는 힘으로만 여기는 권력자나, 자기 하고 싶은 대로 할 수 있는 권한으로만 권력을 이해하는 권력자는 아Q 같은 권력자입니다.

05
다수와 권력에 맞서는 시인의 몫, 문학의 자리

루쉰은 원래 의사가 되려고 했습니다. 그런데 일본에서 의학을 공부하다가 문학으로 방향을 바꿉니다. 의학 공부는 최신 학문이자 돈과 출세가 보장되는 길이었는데, 그 길을 버리고 앞이 보이지 않는 문학을 선택합니다. 다니던 학교까지 그만둡니다. 원래 국비 유학생으로 일본에 갔기 때문에, 당연히 학비 지원도 끊깁니다. 그리고 오직 문학의 길을 향해 걸어갑니다.

그는 어떤 문학을 하려고 했을까요? 그가 의학 공부를 포기하고 두 해 뒤인 1908년에 「악마파 시의 힘」이라는 글을 발표합니다. 여기서 루쉰은 바이런, 셸리 등을 이상적 시인으로 높이 평가합니다. 루쉰이 바이런을 이상적 시인으로 평가하는 이유는 바이런이 허위와 위선, 그리고 저속한 습속을 모두 쓸어버리려고 한 점, 국민성의 비열함을 꾸짖은 점 등입니다. 루쉰은 바이런이 통속적인 습속에 젖어 있는 대중에게 용감하게 저항했음을 높이 평가하는 것입니다.

이를 통해 루쉰이 어떤 문학인이 되려고 하는지를 짐작할 수 있습니다. 대중이 지닌 부정적 측면을 과감하게 비판하는 문학을 하고자 했던 것입니다. 루쉰은 통속적이고 낡은 습관, 낡은 문화에 빠진 대중에 맞서 자기 목소리를 내는 시인이 용감한 진정한 시인이라고 생각했습니다. 그리고 이것이 그가 바이런을 높게 평가한 이유이기도 합니다.

루쉰은 문화를 새롭게 하고, 낡은 문화를 청산하는 게 새로운 세상을 위해서 중요하다고 생각했습니다. 그런데 다수의 대중은 낡은 문화에 젖어 있고 낡은 관습에 젖어 있었습니다. 그런 대중 속에서 사람을 가려내어 정치를 하고, 리더가 바뀐다고 한들, 그것이 새로운 세상을 여는 변화가 되지 못한다고 생각한 겁니다. 그래서 이러한 세상에서 시인의 소임이라면, 바이런처럼 낡은 습관과 문화에 물든 다수 대중에 과감하게 맞서야 한다고 생각했습니다.

물론 여기에는 루쉰이 대중을 비판적으로 보는 시각도 작용하고 있습니다. 근대는 다수의 시대이고 대중 시대입니다. 다수의 결정에 따라서 지도자도 뽑고, 국가의 중대사를 판단하기도 합니다. 다수결의 시대입니다. 루쉰은 이런 다수의 시대가 왕 한 사람의 절대 권력 때문에 일어난 폐해를 막기 위해서 등장한 점에서 그 역사적 의미는 인정했습니다. 하지만 근대가 지속되면서 그렇게 수의 다수에 따라서, 다수결에 따라서 결정하는 것의 한계가 드러나고 있다고 비판합니다.

루쉰은 진리를 어떻게 수의 많고 적음에 따라 결정할 수 있느냐고 질문합니다. 어떤 것을 지지하는 사람이 얼마나 많은지에 따라 그 일의 정당성을 결정하지만 그 결정이 꼭 타당하지 않을 수 있습니다. 많은 사람이 던진 표에 따라서 국가 지도자를 정하고, 그 지도자가 인기 있는 지도자이지만, 그렇다고 그 지도자가 꼭 유능한 지도자는 아닙니다. 루쉰은 이렇게 근대 의사결정 과정에서 수의 많고 적음에 따라 결정하는 것이 가져올 수 있는 부정적 측면을 지적합니다. 다수의 판단이 옳지 않을 수도 있고, 만약에 다수 대중이 낡은 문화, 낡은 습관에 젖어 있는데도 다수의 판단을 진리로 여기면서 추종한다면 사회는 어두워지고, 후퇴한다고 생각합니다.

루쉰은 문명사적 차원에서 근대 다수결의 원리를 비판했습니다. 또 이런 차원에서 다수가 낡은 문화, 낡은 습관에 젖어 있을 때 다수에 용감하게 맞서는 사람이 시인이라고 정의합니다. 그리고 루쉰 본인도 그런 문학인이 되고 싶어했습니다. 루쉰 문학에 아Q처럼 대중이나 민중이 지닌 어두운 측면을 가차 없이 비판하는 내용이 많이 등장하는 것은 이 때문입니다.

물론 루쉰 역시 민중의 비참한 처지를 누구보다 안타깝게 생각했고, 민중이 소중하다고 생각해왔습니다. 루쉰은 "민중의 혼만이 소중하다. 그것을 드높여야 중국에 참다운 진보가 있다"고 생각을 밝히기도 했습니다. 하지만 루쉰은 민중을 무조건 추앙하지 않았고, 그 위대함만 보면서 일방적으로 찬양만 하지도 않았습니다. 민중이 지닌 어둠을, 민중이 지닌 노예 근성을 가차 없이 비판합니다. 그것이 시인과 문학인의 몫이자 역할이라고 생각합니다. 그가 생각하는 시인의 저항성입니다.

그런데 루쉰이 이런 시인의 몫과 문학의 자리에서 다수와 민중이 지닌 어둠만 공격한다면 편향이 일어날 수 있고, 지식인이나 권력자의 편으로 기울 수 있습니다. 루쉰이 생각하는 시인의 몫, 문학의 자리는 다수와 민중이 지닌 어둠을 가차 없이 비판하는 데만 있지 않습니다. 그에게는 권력을 가차 없이 비판하는 것 역시 시인의 몫이자 문학의 자리입니다.

루쉰은 "시인이란 사람 마음을 어지럽히는 사람"이라고 말합니다. 여기서 말하는 어지럽히는 일이란 기성 가치관, 고정된 생각에 빠진 사람의 마음에 충격을 가해서 굳은 생각에 파문을 일으키고 동요시키는 일입니다. 낡은 생각, 고정된 인식을 흔드는 사람이 시인이라고 봅니다.

이런 루쉰의 생각은 정치와 문학의 역할 차이로 이어집니다. 루쉰은 문학과 정치는 원래 불화할 수밖에 없다고 생각합니다. 루쉰은 「문예와 정치의 차이」라는 글에서 정치는 현상을 유지하려 하지만, 문학은 현상에 안주하지 않고, 현상에 만족하지 않는다고 말합니다. 현상에 안주하지 않은 채 현상에 끊임없이 불만을 제기하고 비판하는 데 문학의 본질이 있다는 것인데, 이는 혁명의 정신과도 통한다고 말합니다. 그가 문학을 하는 사람에게는 뜨거운 증오심이 있어야 하고, 증오할 수 있어야 사랑할 수 있다고 말하는 것은 문학을 기본적으로 이런 저항과 비판 정신과 연결하여 생각하기 때문입니다.

> 문인이라면 뜨거운 증오심으로 의견이 다른 상대방을 공격할 뿐만 아니라 뜨거운 증오심으로 '죽음의 설교자'들에게 항전해야 한다. 지금처럼 이렇게 가련한 시대에 죽일 수 있어야 살릴 수 있고, 증오할 수 있어야 사랑할 수 있으며, 살릴 수 있어야 사랑할 수 있고, 그래야 문학을 할 수 있다.
>
> 루쉰, 「문인은 서로 무시한다 7」, 『차개정잡문2집』

루쉰이 권력의 억압에 끝없이 저항하는 글을 쓰고, 이 때문에 평생 힘든 삶을 산 것은 그가 문학의 자리를 저항성에 두었기 때문입니다. 다수를 이루는 민중을 향한 가차 없는 공격, 그리고 민중을 억압하는 권력에 대한 가차 없는 공격, 그것이 루쉰이 추구하는 문학입니다. 그는 이런 문학이 있어야 새로운 세상이 열린다고 믿었습니다. 문학을 하는 사람이야말로 가장 예민한 감각을 지녔기 때문입니다. 그 예민한 감각을 발휘하여 새로운 세상을 열기 위해서 세상의 위험과 어둠을 앞서 느끼고 세상에 경보를 울리는 탄광 속 카나리아 같은 역할을 시인과 문학에 기대한 것입니다.

4장

젊은 세대와 기성세대,
어떻게 살까?

루쉰은 편애에 가까울 정도로 청년세대를 소중하게 여겼습니다. 루쉰은 늘 새로운 세상을 염원했는데, 그 새로운 세상을 위해서 무엇보다 청년의 역할이 중요하다고 믿었습니다. 기성세대보다는 청년에게, 청년보다는 어린이에게 더 희망을 걸었던 것입니다.

대한민국은 수평 사회가 아니라 수직 사회입니다. 정확히는 상하 수직적인 위계질서 사회입니다. 상하 수직의 위계를 정하는 기준은 여럿입니다. 나이와 권력, 돈, 학벌 등등 여러 조건이 서로 다른 상황에 따라 다른 조합을 이루면서 상하 수직 위계를 연출합니다.

이런 상하 수직 위계질서는 사회생활에서 겉으로 드러나기도 하지만, 겉으로 드러나지 않은 채 각 개인의 마음속에서 심리적 질서로 연출되기도 합니다. 우리가 갑질에 민감한 건 한국인의 사회생활과 심리에서 상하 수직의 위계질서가 그만큼 강하게 자리 잡고 있어서입니다. 이렇게 상하 수직의 위계질서가 강하기 때문에 여기서 수많은 갈등도 나타납니다.

더구나 우리 사회 일부에서는 상하 수직 위계질서를 떠받치는 윤리가 붕괴하면서 그 갈등이 더욱 심해지고 있습니다. 유교는 원래 수직적 상하 위계를 강조하면서도 상하 양쪽의 상호 윤리를 강조합니다.

유교에서 상하 수직 위계관계는 단순히 역할 지위나 나이의 많고 적음이라는 생리적 차원만이 아니라 윤리적 의미까지 담고 있습니다. 임금은 임금답고 신하는 신하답고, 부모는 부모답고, 자식은 자식다워야 합니다. 서로가 윤리적으로 그 의무를 다해야 합니다. 이런 상호 의무 윤리가 수직적 위계질서를 지탱하는 핵심입니다. 그런데 우리 사회에서는 이런 상호 윤리의 의무는 사라진 채 상하 위계질서만 남은 경우가 많습니다.

그렇다면 우리 사회 상하 수직 위계 질서를 어떻게 새롭게 정립해야 할까요? 공자가 말한 상호 의무 윤리를 회복하는 게 답일까요? 아니면 아예 수직 위계질서를 해체하고 재구성해야 할까요?

건강한 사회를 만들기 위해서 상하 수직적 위계 의식이 강한 우리 사회 질서의 핵심인 부모와 자식 관계, 기성세대와 젊은 세대 관계를 어떻게 새롭게 정립할지, 루쉰의 생각과 더불어 생각해보도록 하겠습니다.

01

부모란 무엇인가?

'부모(父母)'는 그 글자 그대로 아버지와 어머니를 의미합니다. 그런데 부계사회에서는 아버지의 자리에 더 큰 의미를 부여합니다. 전통사회 속에서 아버지가 누구인지를 먼저 생각하는 것에서 출발해 보겠습니다.

아버지를 뜻하는 글자 부(父)를 한 번 볼까요? 한자의 모양이 어떤가요? 한자 중에는 대상이 나타내는 이미지를 단순화시킨 글자가 있습니다. 아버지를 의미하는 이 글자 역시 그렇습니다. 도끼의 머리를 손으로 쥐고 있는 모양이 아버지를 뜻하는 것입니다.

그런데 아버지는 왜 하필 도끼를 쥐고 있을까요? 여기서 도끼는 나무를 베기 위해서 사용하는 도끼가 아니라 제례와 의례에서 사용하는 도끼입니다. 즉 도끼를 잡고 있는 사람에게 지휘권이 있다는 의미입니다. 도끼를 쥐고 있다는 것은 지휘봉을 쥐고 있다는 의미라고 생각할 수 있습니다. "이건 해. 이건 하지 마." 이렇게 지휘하는 사람이라는 것입니다. 아버지를 어떤 사람으로 규정했는지를 알 수 있습니다. 가족을 지휘하는 지휘권을 가진 사람이라는 의미입니다.

아비 부(父)글자를 다르게 해석하는 시각도 있습니다. '구(矩, 곱자)' 글자와 같은 의미로 사용했다고 보는 시각입니다. 길이를 잴 때 우리는 자를 사용합니다. 길이가 얼마인지, 자신이 원하는 길이와 비교하여 짧은지, 긴지를 자로 재보고 판단합니다. 이때 잣대는 단순히 길이를 아는 차원이 아니라 규범과 원칙을 의미합니다. 아버지를 잣대에 비유하는 것은 아버지란 규범과 윤리의 기준이 되는 사람이라는 의미입니다.

이렇게 유교 문화에서 아버지라는 사람은 집 안에 있는 모든 사람을 통솔하고 지휘하는 권력을 쥐고 있는 사람입니다. 동시에 아버지는 가족들에게 모범이 되어야 하는 사람입니다. 마치 잣대처럼 모범이 되고, 한편으로는 잣대로 자식의 행동을 재는 사람입니다.

요즘 아버지의 모습은 예전과 많이 달라졌습니다. 예전보다 다감해졌고 친구 같은 아버지도 많습니다. 그래서 전통적 의미를 지닌 아버지 이미지는 현실 속에서는 조금씩 줄어들고 있습니다. 하지만 전통적인 아버지의 상, 나아가 부모의 이미지는 우리 문화 속에 여전히 영향을 미치고 있습니다.

소설가 위화는 중국에서 현재 활동하는 작가 중에서 한국인들이 가장 좋아하는 중국 작가로 손꼽힙니다. 중국 사람도 좋아하고 한국 사람도 좋아하는 작가인데, 중국 사람들이 좋아하는 작품과 우리나라 사람들이 좋아하는 작품이 조금 다릅니다. 중국 사람들은 위화의 소설 가운데서도 『인생』을 좋아합니다.

그런데 우리나라에서는 유독 『허삼관 매혈기』라는 소설을 좋아합니다. 얼마나 좋아하는지, 우리나라에서 이 소설을 영화로 만들기도 했습니다. 배우 하정우가 감독을 맡아〈허삼관 매혈기〉라는 동명의 영화로 제작하였습니다. 배경을 완전히 우리나라로 설정해서 영화로 만들어도 어색하지 않을 만큼 우리나라 사람들이 공감할 만한 내용을 많이 담고 있습니다. 바로 이 소설의 주인공 허삼관 때문에 그렇습니다. 허삼관은 소설에서 한 가정의 아버지입니다. 소설은 제목 그대로 아버지인 허삼관이 매혈, 즉 피를 파는 이야기입니다. 지금은 우리나라에서 금지되었지만, 예전에는 피를 파는 일도 흔했습니다. 삶의 막다른 곳에 내몰린 남자들이 할 수 있는 일이, 피를 팔아서 돈을 마련하는 것이었습니다.

이야기의 흐름은 단순합니다. 한 가정의 아버지인 허삼관이 피를 팔아가면서 가정을 지키고, 자식들을 지키는 이야기입니다. 물론 허삼관이라는 인물이 자기 가족을 위해서 피를 파는 것만은 아닙니다. 허삼관은 조금은 어수룩하고 우스꽝스러운 측면도 가지고 있습니다. 예를 들어서 자기가 사랑했던 사람에게 맛있는 음식을 사주기 위해서 피를 팔기도 하고, 자신이 건강하다는 걸 증명하기 위해서, 내가 이렇게 피를 팔 정도로 체력이 좋고 건강하다는 것을 과시하기 위해서 피를 팔기도 합니다.

하지만 허삼관은 대부분 자식을 위해서, 또 가정을 지키기 위해서 피를 팝니다. 그에게는 일락이, 이락이, 삼락이, 세 아이가 있었습니다. 이중 일락이가 병이 나서 치료비를 마련하기 위해 서 무리해서 피를 뽑는 장면이 그려지기도 합니다. 피를 파는 데도 한도가 있어서 피를 더 뽑으면 아버지 생명이 위태로울 수 있었지만, 자식을 살리기 위해서 피를 팝니다. 부모는 자식을 위해서라 무슨 일이든 하지요. 피가 아니라 자기 생명까지도 자식을 위해서 던질 수 있는 사람들이 부모이기 때문입니다.

허삼관이 피를 파는 이야기가 우리나라 사람들에게 정서적 공감대를 일으킨 것도 이 때문입니다. 허삼관 같은 부모는 우리 주위에도 많습니다. 피를 팔지는 않더라도 자식을 위해서 자신이 가진 모든 걸 희생하는 부모를 쉽게 찾을 수 있습니다. 우리나라 사람들이 허삼관을 보면서 자신을 키워준 부모를 떠올리기도 하고, 지금 부모가 된 자신의 모습을 떠올리며 공감대를 느낍니다. 허삼관은 중국인이지만 자식을 위해 모든 것을 희생하는 한국 부모의 상징이기도 합니다.

2022년 방영한 드라마 〈슈룹〉은 어머니 버전의 희생 이야기가 담겨 있습니다. 자신을 위해 모든 것을 희생하는 어머니

화령이 등장합니다. 화령은 지체 높은 중전이지만, 그녀도 어쩔 수 없이 어머니입니다. 자기 자식들을 기어이 왕으로 만들기 위해서 후궁 자식들과 대결에서 물불을 가리지 않습니다.

이 드라마에서 화령의 아들 중 하나인 계성대군은 남들에게 드러내기 어려운 성 정체성으로 고민합니다. 다른 사람들의 눈을 피해 화장을 하고, 여성 옷을 입기도 합니다. 이처럼 남자임에도 여성성을 지니고 있었고, 그 사실을 어머니가 알게 됩니다. 이 사실이 알려지면 아들 계성대군 뿐만 아니라 어머니인 자신도, 나머지 자식도 앞날이 막힐 수 있습니다. 어머니는 어떻게 해야 할까요? 뜻밖에도 화령은 아들 계성대군을 궁 밖으로 데리고 나와서 유명한 한복점에 데려가 여성 한복을 맞추어 입히고 여성 화장을 해줍니다. 그리고 그 모습을 그림을 그려 아들 손에 건네줍니다. 두 사람은 그 그림을 가지고 빗속에서 궁으로 돌아갑니다. 어머니가 말합니다. "다른 게 있다고 해도 그것이 비난받지 않는 세상이 왔으면 좋겠다. 올 거다." 자기 자식이 세상 사람 모두에게 손가락질을 당해도 품어서 안는 사람, 그 사람이 어머니입니다.

'슈룹'은 '우산'이라는 우리 고유어입니다. 어머니 화령과 계성대군이 아들 여장 모습을 그린 그림을 들고 같이 궁으로 돌아갈 때 장대비가 내립니다. 어머니가 우산을 들고 아들의 비를 가려주는 장면이 보여지는데, 그 우산이 반쯤 아들 계성대군 쪽으로 기울어 있습니다. 부모 마음이라는 게 원래 이렇습니다. 자식과 쓰는 우산은 늘 그렇게 자기도 모르게 자식 쪽으로 기울기 마련입니다. 세상에 쏟아지는 모든 비를 가릴 수는 없어도, 우산으로나마 자식에게 쏟아지는 비를 가려주고 싶은 마음, 그게 부모의 마음입니다. 자신의 피를 팔아서라도 자식을 키우고, 자식이 어떤 성 정체성을 가지고 있든 어떤 비난을 받든 어떤 다른 외모를 지니든 부모는 우산이 되어서 막아주는 마음을 지닌 사람, 그 사람이 부모입니다.

루쉰도 부모는 어떤 사람이어야 하는지를 고민하면서 자식을 위해서 희생하고, 의무를 다하는 부모의 역할을 강조합니다. 루쉰은 「우리는 지금 어떻게 아버지 노릇을 할 것인가?」라는 제목의 글을 통해, 근대적 전환기에 아버지 역할, 부모의 역할을 고민하기도 했습니다.

루쉰은 조금 발칙하게 보일 수 있는 이유로 아버지는, 부모는 자식을 위해 희생해야 하고, 자식에 의무를 다해야 한다고 말합니다. 자식은 자기 뜻대로 세상에 나온 게 아니라 부모의 뜻에 따라 세상에 나왔기 때문에, 부모가 책임을 다해야 합니다. 우리 중 누구도 부모에게 "저 나갈게요. 엄마, 아빠의 자식으로 나가게 저를 세상에 내보내주십시오. 저를 만들어주십시오." 이렇게 부탁해서 태어난 사람은 없습니다.

루쉰은 부모 두 사람이 사랑으로 맺은 관계로, 부모님의 뜻에 따라 자식이 세상에 나왔다고 말합니다. 루쉰은 그래서 부모가 자식에게 특권을 지닐 필요가 없고, 오히려 부모는 자식을 위해서 이타적이고 의무적이며 희생적이어야 한다고 말합니다. 루쉰 특유의 논리가 깃든 표현이며, 부모가 자식에 권리보다 의무를 앞세우라는 주장이 일반적인 부모론하고 조금 다르긴 합니다. 하지만 어쨌든 부모는 자식을 위해 희생하여야 한다고 강조하는 것이어서 이 점만으로는 그렇게 독특한 부모론은 아닙니다.

그런데 루쉰의 부모론은 여기서 그치지 않습니다. 루쉰은 자식을 위해 희생하고 의무를 다하는 데서 부모 역할이 끝난다고 생각하지 않습니다. 오히려 이런 희생보다 더 중요한 역할이 부모에게 있다고 루쉰은 말합니다. 그것이 무엇일까요? 루쉰은 자식들 사상을 해방하는 부모의 역할을 강조합니다.

> 각성한 사람들이 먼저 시작하여 각자 자기 아이들을 해방하는 수밖에 없다. 스스로가 인습의 무거운 짐을 지고 암흑의 갑문을 두 어깨로 짊어지고 아이들을 드넓은 광명의 세상으로 내보내 앞으로 행복하게 살고 사람 노릇을 하도록 해야 한다.
>
> -루쉰,「우리는 지금 어떻게 아버지 노릇을 할 것인가?」,『무덤』

루쉰은 생각이 깨어 있는 부모라면 아이를 낡은 세상에서 해방시켜주어야 한다고 말합니다. 아이들에게 낡은 세상을 대물림하는 게 아니라, 아이를 부모가 살았던 낡은 어둠의 세상에 가두는 게 아니라 새로운 세상에서 살도록 하는, 그런 희생을 해야 한다고 루쉰은 말합니다. 여기서 부모의 희생이란 제 자식 잘되기만을 바라는 희생, 세상이 어둡든 말든 오직 내 자식 출세한 만들기만 생각하는 그런 희생이 아닙니다.

루쉰이 통찰하기에 부모는 과거에서 온 사람입니다. 그래서 낡은 인습의 때가 묻어 있습니다. 문화적으로 더는 계속되면 안 되는 인습이, 이제는 없어져야 할 인습이 부모에게는 남아 있습니다. 그런데 부모가 그것을 계승하여 자식에게 이어주면 자식들도 부모가 살았던 낡은 인습의 어둠 속에서 살게 됩니다. 부모의 이름으로 그 낡은 인습을 끊고, 자식을 낡은 인습의 어둠에서 해방해야 합니다. 그래야 자식이 광명한 새로운 세상에서 제대로 사람 노릇을 하면서 산다는 것이, 루쉰의 생각입니다.

전통적 가치관에서 부모를 잣대와 같은 사람이라고 규정하는 건 부모의 역할을 계승자로 보는 것입니다. 문화의 계승자, 가치와 윤리의 계승자로 부모를 보고, 잣대를 기준 삼아 자식이 그 잣대의 기준으로 살도록 문화와 가치, 윤리 등의 기준을 대를 이어 전해주는 사람, 가르치는 사람이 부모라고 생각하는 겁니다. 루쉰은 이런 계승자로서 부모 역할보다 단절자로서 부모 역할을 강조합니다. 낡은 문화와 가치, 윤리를 끊어주는 사람, 새로운 문화와 가치, 윤리 속에서 새로운 세상을 살도록 각성한 부모가 나서서 희생할 것을 부모의 의무로써 요구합니다. 낡은 인습의 어둠이 내리누르는 갑문을 두 어깨로 버티고 밀어올려 아이들을 과거에서 미래로 내보내는 사람, 그렇게 과거에서 꺼내 새로운 세상으로 나아가게 돕는 사람이 부모라고, 루쉰은 말합니다. 참으로 소중한 부모의 희생입니다. 자기 자식만이 아니라 세상 모든 자식의 해방을 위한 희생이자, 부모의 이름으로, 부모의 정신으로 새로운 세상을 여는 위대한 희생입니다.

02

새로운 세상을 맞는 기성세대의 역할

　루쉰은 부모의 역할을 정의하면서, 낡은 인습과 문화를 이어주고 계승하는 사람이 아니라, 그것을 단절하여 자식을 해방된 새로운 세상에서 살도록 하는 사람이라고 했습니다. 이는 루쉰이 기본적으로 기성세대란 어쩔 수 없이 낡은 문화가 몸에 배어 있는 사람이라고 보는 데서 비롯합니다. 부모를 포함하여 기성세대는 과거부터 긴 세상을 살아와서 지금 여기에 있습니다. 과거의 역사와 가치관, 문화와 윤리가 자기 안에 담겨 있습니다. 기성세대 역시 좋은 것도 있고, 그렇지 않은 것도 있습니다. 그런 것 중에는 자기의식에서는 그것을 부정하지만, 자신도 모르는 사이 무의식에 들어와 있는 것도 있습니다. 그런 문화에서 오랫동안 자라와서 그럴 수밖에 없습니다. 낡은 시대를 살다 보면, 낡은 시대 문화가 자신도 모르게 자기 안에 들어와 있는 일이 많습니다. 다들 병든 시대를 살다 보면 자신이 아무리 깨끗하고 건강한 사람이라고 자처하더라도 얼마간 병들어 있기 마련입니다.

어른과 기성세대를 루쉰의 표현대로 이르면 낡은 시대를 살아오면서 낡은 문화에 자기도 모르게 물든 채 살아온 사람이라고 봅니다. 아무리 생각이 깨어 있는 사람 스스로 시대의 선구자라고 자처하는 사람이라도 그 사람 깊숙한 곳에는, 낡은 시대의 문화가 들어 있다고 봅니다. 그런 사람이 기성세대라는 겁니다. 그렇다면 이런 기성세대가 우리 사회에서 어떤 역할을 해야 할까요? 새로운 세상을 위해서, 미래세대를 위해서 어떤 자세로, 무엇을 해야 할까요? 루쉰 소설 「광인일기」를 이런 차원에서 다시 한 번 읽어 보도록 하겠습니다.

「광인일기」의 주인공 '광인'은 그야말로 미친 사람입니다. 그런데 광인은 자기를 제외한 다른 사람들이 모두 사람을 잡아먹는다고 생각합니다. 여기서 식인은 실제 식인하는 것을 말하기보다는 하나의 상징입니다. 사람이 사람을 잡아먹는 것 같은 세상, 그런 문화와 윤리가 지배하는 세상을 상징합니다. 그런 세상에서도 사람들은 편안하고 다들 서로 잡아먹을 생각만 합니다. 그런 세상 너머 다른 세상은 꿈도 꾸지 못한 채로, 바꿀 생각도 하지 않은 채로 살아갑니다. 오직 한 사람, 광인만이 식인하지 말라고 말합니다. 식인하는 사람은 나중에 살아남지 못한다면서 식인을 그만두라고 광인이 동네 사람들에게 외칩니다. 광인은 식인 세상에서 유일한 예외자이고, 시대의 선구자이기도 하고, 유일한 각성한 사람이기도 합니다.

모두가 식인하는 식인 세상에서도 자신은 식인하지 않은 유일한 사람이라고 여깁니다. 식인하는 사람들보다 우월한 입장에서 식인하는 한심한 사람들을 비판합니다. 광인의 형은 그런 광인을 방에 가둡니다. 방에 갇힌 채로 광인은 곰곰이 생각합니다. 그러다가 자기도 자신도 모르게 식인을 했을지 모른다는 생각이 퍼뜩 떠오릅니다. 누이가 죽었는데, 형이 그 누이 고기를 반찬으로 만들어서 자기도 모르게 사람 고기를 먹었을 수 있다고 생각합니다. 자신의 모든 게 무너지게 됩니다.

광인은 다들 식인을 하는 병든 세상이지만 자신은 식인하지 않았고, 깨끗하다고 생각했습니다. 하지만 본의가 아닐지라도, 의도하지 않았더라도 자신도 식인한 경험이 있다는 사실을 깨닫게 됩니다. 이는 지금 우리 사회에서도 충분히 일어날 수 있는 상황입니다. 이런 상황에서 광인은 어떤 선택을 할까요?

다행히도 "다들 식인하는 마당에 나도 식인 좀 한 것이 무슨 문제야. 모두가 그랬잖아." 따위의 합리화를 내세우는 사람이 아니었습니다. 자신의 타락과 자기가 저지른 나쁜 짓을 두고 다른 사람도 다 그렇다고 일반화하는 뻔뻔함도 없었습니다. 그는 식인의 역사가 내 안에도 들어와 있다는 것을, 식인 현실에서 결코 나조차도 예외가 아니라는 걸 받아들이고 인정합니다. 그에게는 자신의 유죄에 대한 자각, 죄의식이 있습니다.

그리고 그만의 독특한 방법으로 참회합니다. 아직 식인하지 않은 아이가 있다면, 그 아이를 구하라고 외치는 것입니다. 이는 아직 식인에 물들지 않은 미래세대를 구하라는 외침입니다. 다가올 미래에 식인하지 않는 세상에서 아이들이 살게 하는 것에서 자기 역할을 찾았습니다. 자신조차도 깨끗한 사람이 아니라는 것을 겸허히 받아들이고, 미래에 새로운 세상을 열 선구자는 더욱이 아니라고 생각한 데서 비롯한 행동입니다. 이제 광인은 미래세대를 위한 희생에서 자기 역할을 찾았습니다.

루쉰은 부모의 역할을 두고 '다리 역할을 잘해야 한다고, 또 중간물이 되어야 한다'고 생각합니다. 다리는 강을 가로질러 이편에서 저편으로 건너게 해주는 존재입니다. 낡은 세계에서 새로운 세계로 가는 청년들이 무사히 건너갈 수 있도록 다리가 되어주는 사람, 그런 사람이 부모이고, 기성세대라는 것입니다. 미래 세대가 자신을 다리 삼아 밟고 낡은 세상에서 새로운 세상으로 건너가도록 희생하는 사람이 부모이자 기성세대의 중요한 역할이라고 말합니다. 루쉰이 보기에 부모와 기성세대는 과거 시간에서 와서 현재에 사는 사람이기 때문에, 과거와 현재 사이 중간물입니다. 이 중간물인 부모와 기성세대는 다시 현재를 지나 미래 시간을 살 미래세대를 위한 다리 같은 중간물이 되어야 한다는 겁니다. 부모와 기성세대는 물론이고 모든 존재가 이렇게 다리 역할을 충실히 할 때, 중간물을 자기 삶의 정체성과 역할로 삶을 때, 세상은 진보하고 새로운 세상에 다가갈 수 있다고 루쉰은 생각합니다.

새로운 세상을 위해서 정치를 바꾸는 일은 오히려 쉽습니다. 정당을 바꾸거나 권력자를 바꾸는 일은 새로운 세상을 위해 문화를 바꾸는 일보다 상대적으로 쉽습니다. 하지만 정치만 바꾸고 문화를 바꾸지 않으면 그 세상은 얼굴만 바뀐 낡은 세상, 주인만 바뀐 낡은 세상입니다. 새 시대를 여는 권력자로 자처하지만, 머리에는 낡은 사고, 낡은 문화가 가득한 경우도 많습니다. 그럴 때 그 새로운 권력자의 새로움이란 무엇일까요? 사람만 바뀐 새로움 뿐일 수 있습니다.

민주화 이후 우리 사회가 숱한 정권 교체에도 혼란을 거듭하는 한 이유가 여기에 있습니다. 앞 정권과의 단절만 외칠 뿐, 낡은 문화는 여전합니다. 집권당이 바뀌고, 권력자가 바뀌어도 그들의 생각과 문화는 똑같습니다. 우리 사회에는 낡은 시대를 살았고 낡은 문화에 젖었음에도 자신을 새로운 사람으로, 시대를 여는 선구자라고 생각하는 위선과 자만에 물든 기성세대가 많습니다. 이보다는 자신이 낡은 시대를 살아왔다는 겸허함 속에서 자기 안에 자기도 모르게 켜켜이 쌓인 낡은 시대 어둠의 흔적을 인정하면서 낡은 시대의 마지막 희생자를 자처하면서 미래 새로운 세상을 여는 기성세대가 우리 사회에 많아지길 희망합니다.

03

새로운 세상을 여는 청년세대의 힘

선거철만 되면 사회 곳곳에 MZ세대라는 말이 요란합니다. 그러다가 선거가 끝나면 다시 자취도 없이 사라집니다. 루쉰이 살던 시대에도 청년이라는 말이 유행이었습니다. 청년이라는 말이 얼마나 유행하였는지, 루쉰은 "입만 열면 청년이고, 입을 닫아도 청년이다."라고 풍자합니다. 그런 뒤, 루쉰은 특유의 비판적인 어조를 담아 글을 발표했습니다.

청년이라 하여 어찌 일률적으로 얘기할 수 있을까? 그중에는 깨어 있는 자도 있고, 잠자는 자도 있으며, 혼미한 자도 있고, 누워 있는 자, 놀고 있는 자도 있고, 그 밖에도 여러 가지가 있다.

물론 전진하려는 자도 있다.

-루쉰, 「지도자(導師)」, 『화개집(華蓋集)』

루쉰은 편애에 가까울 정도로 청년세대를 소중하게 여겼습니다. 루쉰은 늘 새로운 세상을 염원했는데, 그 새로운 세상을 위해서 무엇보다 청년의 역할이 중요하다고 믿었습니다. 아무래도 과거를 살아온 기성세대는 과거의 낡은 문화와 낡은 유산에 젖을 수밖에 없다고 생각했습니다. 그래서 기성세대보다는 청년에게, 청년보다는 어린이에게 더 희망을 걸었던 것입니다.

루쉰은 청년을 위한 일에 헌신하는 일도 마다치 않았습니다. 폭압적인 정치에 항거하는 시위를 하다가 희생당하거나 감옥에 가는 청년이 안타까워서 그들을 위한 방패막이를 자처하기도 했습니다. 그가 글을 쓰면서 주로 대학교에서 강의하면서 청년과 지낸 점도 영향을 미쳤습니다.

그런데 그렇게 청년을 소중하게 여긴 루쉰이 이런 고백을 합니다. 예전에는 청년들이 기성세대보다 그래도 낫고, 청년세대가 자라면 미래에 희망이 있을 거로 생각했지만, 그런 생각에 회의가 든다고 고백합니다. 왜 그럴까요? 그야말로 청년도 하나가 아니었기 때문입니다. 출세를 위해 폭압적인 정치에 가담하는 청년도 생기고, 청년 시절에는 사회 변혁을 말하고 실천하던 이들이 관료가 되고 정치를 하자, 과거 그들이 비난했던 사람과 똑같이 되거나 더 심한 일도 있었기 때문입니다. 과거 자신을 망각한 그들을 루쉰은 이렇게 비판합니다.

> 학대받은 며느리가 시어머니가 되면 언제 그랬느냐는 듯이 며느리를 학대합니다. 지금 학생들을 증오하는 관리들은 모두 학생 시절에 관리를 욕한 사람입니다. 지금 자녀를 억압하는 자 가운데 혹자는 10년 전만 하더라도 가정 혁명을 주장한 사람이었습니다.
>
> -루쉰, 「노라는 집을 나간 뒤 어떻게 되었는가」, 『무덤』

고약한 시어머니를 둔 며느리는 고생하기 마련입니다. 어두운 시대 때문에 고생하는 청년의 처지를 루쉰은 고약한 시어머니 밑에서 고생하는 며느리에 비유합니다. 그런데 그 며느리도 세월이 지나면 시어머니가 됩니다. 그런데 그렇게 시어머니가 되고 나면 자신이 고약한 시어머니에게 시달렸던 일은 잊은 채, 더 고약한 시어머니가 되어 며느리를 학대합니다. 과거에는 관료들을 비판하던 학생이 관료가 되더니 이제는 학생을 욕하고 괴롭힙니다. 자식일 때는 가정 개혁을 주장하던 사람이 부모가 되더니 이제는 자녀를 힘들게 합니다. 청년 때 자신이 비판했던 사람과 일을 자신이 출세하고 어른이 되어서 똑같이 되풀이하는 사례입니다.

청년은 언젠가는 기성세대가 됩니다. 사회 주류가 됩니다. 그럴 때 청년이 어떤 기성세대가 되고, 사회 주류가 되는 게 중요하다는 것을 루쉰은 지적합니다. 청년이었을 때는 그렇게 비판하던 일을 이제 자신이 기성세대가 되어 그대로 합니다. 언제 자신이 그랬느냐는 듯이 기성세대의 행태를 되풀이합니다. 루쉰은 이런 모습을 비판합니다.

자신이 고약한 며느리 밑에서 고생했다면, 그 고생을 기억하면서 자기가 시어머니가 되었을 때 그 고생을 자기 며느리는 다시 겪지 않도록 해야만 세상이 진보하고, 새로운 세상이 열립니다. 자기가 겪어봐서 그런 일이 얼마나 사람을 힘들게 하는지 누구보다 잘 알기 때문에, 그런 비인간적인 고생을 다음 세대에게 전하는 게 아니라 그런 고생을 자신에서 끝내고, 이제 그것을 단절시켜야 합니다. 그런데 원래 며느리란 그렇다면서 과거 시어머니와 똑같은 시어머니가 되거나 더 심한 시어머니가 되는 사람이 있습니다. 악순환입니다. 정치를 비판하던 청년이 정치인으로 성장한 뒤 과거 자신이 비판하던 것과 똑같은 정치를 합니다. 세상이 바뀌지 않은 이유, 이런 청년의 타락에 있다고 루쉰은 생각합니다.

이런 일이 루쉰은 그저 주인 되기 욕망뿐인 노예의 예를 듭니다. 노인의 꿈은 주인 되기입니다. 그런데 노예가 주인만 되면 끝일까요? 노예에서 주인이 된 성공한 사람이 많으면 그걸로 세상이 좋아질까요? 아닙니다. 중요한 것은 주인이 바뀌었다는 것, 노예가 주인이 되었다는 게 아니라 그 주인이 과거 주인과 다른 진정한 새로운 주인인지, 그 여부라고 루쉰은 말합니다.

노예가 주인이 되면 걸고 '나리'라는 호칭을 없애려 하지 않는다. 우쭐대는 폼이 과거 주인보다 더하고 더 우스꽝스럽다. 마치 상하이의 노동자가 얼마간 돈을 모아 작은 공장을 경영하게 되면 오히려 노동자를 더욱 철저하게 학대하는 것과 같다.

-루쉰,「상하이 문예계를 보며」,『이심집』

　노동자로 고생한 경험이 있는 사람이 돈을 모아 회사를 세우고 사장이 되었으면, 과거 자신을 힘들게 한 사장과 다른 사장이 되어야 세상이 변하고 새로워집니다. 하지만 그런 사장이 적다는 게 문제입니다. 노예에서 주인이 되었는데, 과거 자신을 학대하던 주인에게 배워서 똑같이 노예를 대하고, 그렇게 학대하는 제도를 여전히 유지합니다. 사람은 바뀌고, 주인도 바뀌고, 사장님도 바뀌고 세대교체가 되었지만, 여전히 세상이 바뀌지 않았다면, 그 이유는 그 변화가 그저 주인 바꾸기 차원에 그쳤기 때문입니다.

　중국에 문화대혁명이 있었습니다. 문화대혁명을 일으킨 세대의 심리를 문화적으로 이야기하면 청소년과 청년세대가 기성세대의 문화를 부정하고, 타도하려 한 것입니다. 문화적 차원에서 보자면 상징적인 아버지 죽이기, 즉 일종의 살부(殺父) 혁명이었습니다. 이렇게 기성세대의 문화를 청년세대가 혁명적인 방식으로 뒤집으려는 시도한 사례는 역사에서도 찾을 수 있습니다. 프랑스의 1968년 학생 운동과 미국 반전 운동 세대가 그것입니다. 우리나라에서는 1980년대 민주화 운동을 들 수 있습니다.

그리고 그때의 청년세대는 지금 시대의 주역이 되어 있습니다. 문화대혁명을 이끈 청년들은 중국 권력의 상층부에 있습니다. 앞서 말한 혁명 당시의 미국, 프랑스 청년들도 지금 권력의 상층부에 있거나 권력을 누린 뒤 은퇴했습니다. 한국 민주화운동 세대도 비슷한 걸음을 밟았습니다.

그런데 그들이 세상을 얼마나 바꾸었나요? 세상이 많이 달라졌나요? 루쉰의 비판대로 그들이 청년 시절에 그렇게 비판하고 바꾸려고 했던 세상을 그들이 주인이 되어 다시 반복하고 있지는 않은지, 돌아볼 일입니다.

사람만 바뀐다고, 정권이 바뀌고, 리더가 바뀐다고 새로운 세상이 열리는 것은 아닙니다. 필요조건일 수는 있지만, 충분조건은 아닙니다. 밑에서 고생하던 사람이나 세력이 새로운 주인이 되었다고 해서 저설로 새로운 세상이 열리지 않습니다. 그가 고생할 때 그렇게 타도하고 싶고, 내쫓고 싶던 사람과 함께 세월을 나면서 자신이 어느새 그 사람을 닮아버린

건 아닌지, 늘 자신을 성찰하고 경계하면서, 과거 주인과 다른 새로운 주인, 새로운 권력자, 새로운 사장인 사람, 그런 사람이 진정 새로운 세상을 여는 사람이며 새로운 주인이 될 것입니다.

지금, 루쉰의 이유 있는 대한민국 횡단

우리에게 루쉰의 아내로 잘 알려진 건 중국의 여성 사회운동가 쉬광핑(許廣平)입니다. 1920년부터 루쉰은 베이징대학 등지에서 교편에 서게 됩니다. 쉬광핑과 처음 만나게 된 곳도 이 무렵 베이징여자고등사범대학의 강의실이었습니다. 스승과 제자로 만난 두 사람은 편지를 주고받으며 교류하다가 이후 연인 관계까지 발전합니다. 그 뒤로 1926년 3.18 참사 이후 반정부 지식인에 대한 수배령이 내려지자, 국민당 정부의 탄압을 피해 루쉰은 베이징을 떠나 샤먼으로 가게 됩니다. 당시 쉬광핑도 베이징을 떠납니다. 그러다가 광저우에서 두 사람은 만나고, 1927년에는 함께 상하이로 옮깁니다. 상하이에서 아들도 낳습니다. 그리고 1936년 루쉰이 죽을 때까지 같이 삽니다.

루쉰이 쉬광핑을 만나기 전까지, 그러니까 40대 중반까지 혼자 지냈을까요? 아닙니다. 루쉰은 일본에서 유학하던 중 잠깐 귀국해서 어머니가 정해준 여자, 주안(朱安)과 결혼한 바 있습니다. 어느 날 루쉰은 어머니가 병중에 있으니 서둘러 귀국하라는 전보를 받았고, 집에 갔을 때에는 결혼식 준비가 다 되어 있었습니다. 그렇게 결혼식을 치르고 주안과 부부가 되었지만, 루쉰은 사흘 만에 혼자 일본으로 돌아가 버립니다.

주안은 루쉰에게 형식적인 부인이었으며, 루쉰의 어머니가 인정한 며느리일 뿐이었습니다. 부부다운 관계를 유지하지도 않았습니다. 루쉰보다 3살이 많았던 주안은 중국의 봉건적인 환경에서 자란 전통적인 여자였습니다. 전족을 했고, 글을 배운 적도 없었습니다. 루쉰의 외가와 아는 집안의 딸이었습니다. 루쉰이 난징에서 공부하는 동안 어머니의 결정으로 정혼한 것이었습니다.

루쉰은 그의 의사와 상관없는 정혼에 반대했지만, 어머니의 생각은 달랐습니다. 남편도 없는 상태에서 장남이 어서 결혼하길 바랐던 것입니다. 루쉰은 정혼을 깰 수 없다면 최소한 두 가지 조건이라도 들어달라고 했습니다. 하나는 전족을 푸는 것이고, 다른 하나는 글을 배우는 것이었습니다. 하지만 어느 하나도 이루어지지 못한 채 그녀는 루쉰에게 시집왔습니다. 그것도 어느 날 갑자기.

당시 중국에서는 이렇게 부모 뜻에 따라 결혼하는 일이 흔했습니다. 이렇게 맺어진 부부 관계라도 잘 사는 사람이 물론 있었지만, 대개는 이혼하고 다시 자기 뜻에 따라 결혼하였습니다. 하지만 루쉰은 여기 두 가지 경우 모두에 속하지 않았습니다. 어머니가 정해준 여자와 결혼 생활을 이어갔지만, 잘 살지는 못했습니다.

언젠가 루쉰은 친구에게 주안을 두고 이렇게 말했습니다. "어머니가 내게 준 선물이다. 나는 그저 잘 보살필 따름이다. 사랑은, 나는 모른다." 그저 어머니 명을 따랐을 뿐이라는 얘기입니다. 전혀 애정의 대상이 아니었습니다. 그렇다고 다른 지식인들처럼 이혼을 선택하지도 않았습니다. 루쉰은 1926년 베이징을 떠날 때까지도 그녀와 같은 집에서 살되 따로 지냈습니다. 이런 결혼 생활은 무엇보다 주안 그녀에게 고통이었지만, 루쉰에게도 큰 고통이었습니다. 루쉰 삶의 가장 큰 어둠이었습니다. 그런데 루쉰은 그것을 짊어진 채, 거의 20년 세월을 살았습니다. 그는 주안을 두고 '어머니의 선물'이라고 표현했지만, 사실은 낡은 시대의 유산일 뿐이었습니다. 그는 그것을 안고 살았습니다. 영혼을 짓누르는 고통 속에서도 그것을 안고 살았습니다. 무엇보다 그녀가 제일 불행했고, 루쉰도 불행했습니다.

루쉰 삶과 사상을 지배하는 것 가운데 하나는 유죄의식과 참회의식입니다. 그 유죄의식이 얼마나 깊은가 하면, 흔히 우리가 기독교 문화에서 발견할 수 있는 그런 원죄의식을 떠올릴 정도입니다. 루쉰의 그런 유죄의식에는 그의 첫 부인 주안과 보낸 기형적인 결혼 생활도 크게 작용하였습니다.

아울러 루쉰은 유죄의식과 참회의식의 영향으로 자신을 낡은 진영에서 온 사람이라고 정의했습니다. 그는 자신을 새로운 시대, 새로운 문화, 선구자 위치에 두지 않았습니다. 늘 낡은 문화, 낡은 시대의 영향이 피와 살이 되어 자기 안에 깊이 들어있는 낡은 시대, 낡은 문화 속 낡은 인물로 자신을 규정했습니다. 첨단 학문인 의학을 배우고, 일본어와 독일어를 하고,

여러 서양 서적을 번역하였을 뿐만 아니라 사회주의 혁명에 관한 책도 번역하고, 누구보다도 세계 첨단 조류와 지식에 밝았던 그였습니다. 하지만 루쉰은 늘 낡은 시대에서 온 인물로 자신을 규정했습니다.

루쉰은 낡은 시대가 그에게 짊어진 어둠의 짐을 정직하게 그대로 지고 살았습니다. 그 짐을 진 채 그 짐과 그 짐의 어둠을 받아들여, 그 어둠을 해체하고, 그 어둠을 미래 세대에게는 넘겨주지 않기 위해서 필사적으로 노력하는 삶을 살았습니다. 자신에게 그러한 어둠의 짐이 있다는 것을 의식하면서 살았습니다.

그가 불의한 권력과 민중의 어둠을 가차 없이 비판한 것은 사실 그 자신에 깃든 낡은 시대의 유산을 비판하는 일이었습니다. 세상에 대한 비판이 자기비판에서 시작된 것입니다. 시대의 어둠이 곧 자신 안의 어둠이라고 여겼기 때문에 그랬습니다. 그래서 루쉰은 늘 세상을 해부하면서 자기 자신을 해부하였습니다. 자기 안에 세상의 어둠이 들어 있다고 생각해서 그랬습니다. 그의 자기비판은 자신이 과거에서 왔고, 과거와 연결되어 있다는 유죄의식에서 비롯합니다. 이런 루쉰의 모습은 낡은 문화에 절어 있으면서도 자신이야말로 새로운 사람이라고 자처하는 오늘날 한국의 리더 모습과 비교됩니다.

사실 세상이 어둡고, 세상이 병들었다면, 그런 세상의 어둠과 병균은 권력자에게만이 아니라 그 시대를 산 사람에게도 깃들어 있기 마련입니다. 문화적으로 보면 더욱 그렇습니다. 문화는 공기 같은 것이어서 그렇습니다. 루쉰이 진정한 새로운 세상을 위해서는 정치도 바꾸어야 하지만 문화를 바꾸는 것이 중요하고, 사람의 생각을 바꾸어 새로운 사람을 만드는 것이 중요하다고 생각한 것은 이런 이유 때문입니다.

일제강점기를 거쳐 독재정권 시절을 지내는 동안 우리는 루쉰을 우리 사회를 변혁하기 위한 사상적 자원으로 읽었습니다. 그가 권력의 폭압에 맞선 점에 초점을 두고 주로 읽어 왔습니다. 불의한 권력에 굴복하지 않으면서 투창이자 비수와 같은 글로 불의한 권력을 비판한 인물로 루쉰을 주로 읽어 왔습니다. 맞습니다. 루쉰의 글은 물론이고 그 역시 그런 투창이자 비수와 같은 사람입니다. 불의한 시대에 그런 루쉰 글과 생각은 영원한 생명력을 지닙니다.

하지만 루쉰에게서 우리가 주목해야 할 또 다른 루쉰의 모습도 있습니다. 낡은 시대의 유산을 짊어진 자의 고뇌와 겸허, 유죄의식과 참회의식, 그리고 그곳에서 기원하는 미래세대를 위한 숭고한 헌신과 희생의 선택, 삶의 공허와 절망을 대하는 법, 절망의 시대에 절망에 항전하는 삶의 태도와 희망을 만드는 법, 패배와 실패 속에서 자신을 추스르는 삶의 지혜와 관련한 루쉰의 모습도 소중합니다. 새로운 사람과 새로운 세상, 루쉰이 평생 바라던 일이자 그가 헌신한 대상이었습니다. 그리고 그것은 오늘을 사는 우리가 꿈꾸는 사람이자 세상이기도 합니다. 이것이 오늘 우리가 여전히 루쉰의 글을 읽고, 루쉰의 생각을 따라가면서 나를 비춰보고, 한국 사회를 비춰보는 이유입니다. 오늘날 한국에 루쉰의 글과 말이 한국을 다시 횡단하는 까닭입니다. 지금 우리가 루쉰을 여전히, 그리고 다시 읽는, 읽어야 할 이유입니다.

문화대혁명

1966년 5월부터 1976년 10월까지 중국 최고지도자 마오쩌둥(毛澤東)에 의해 주도된 사회주의를 실천하자는 운동이다. 전근대적인 문화와 자본주의에 반대하고 사회주의를 실천하자는 내용을 담고 있다. 사회주의 문화를 건설하자는 의도와 달리 중국의 경제, 산업, 문화, 예술, 교육, 기술 분야가 무너지고 수많은 인민이 죽음을 맞은 실패한 혁명이다. 특히 문단에서는 지배 이데올로기의 선전과 정권의 요구를 담아 대중을 선동하는 문학이 주류가 되었고, 다수 작가는 절필을 선택했다.

루쉰

1881년 9월 25일, 중국 저장성(浙江省) 사오싱(紹興)에서 태어났다. 본명은 저우수런(周樹人), 루쉰(魯迅)이라는 이름은 필명이다. 중국 근대문학을 이끄는 거장이자 현대 중국 지성사를 대표하는 사상가이다. 「광인일기」, 「아Q정전」, 「고향」 같은 중국 근대문학을 대표하는 소설로 잘 알려졌으며, 부조리한 중국 사회를 향한 문제의식과 그만의 날카로운 통찰력이 엿보이는 산문과 잡문(雜文)을 다수 발표한 바 있다. 중국 근대의 증인으로, 또 혁명가로 살던 그는 1936년 10월 19일에 세상을 떠났다.

루쉰의 작품

루쉰은 소설, 희곡, 시, 산문, 잡문(雜文, 잡지에 기고한 글) 등 다양한 글을 써왔다. 3권의 소설집과 다수의 산문집을 비롯하여 사후에 엮은 출간본까지 총 19권의 책을 남겼다. 1923년 8월, 「광인일기」, 「아Q정전」, 「쿵이지」, 「약」, 「고향」 등 그의 대표작이 담긴 첫 소설집 『외침(吶喊)』을 출간했다. 이후 1926년에 「복을 비는 제사」, 「술집에서」, 「애도」 등이 담긴 『방황(彷徨)』을, 1935년에 신화와 역사를 소재로 한 8편의 글을 담은 『새로 쓴 옛날이야기(故事新編)』를 출간했다. 소설 외에도 다양한 글을 다수 선보였는데, 산문시집 『들풀(野草)』(1927)과 산문집 『열풍(熱風)』(1925), 『무덤(墳)』(1927), 『아침 꽃을 저녁에 줍다(朝花夕拾)』(1927) 등을 발표했다.

라오서

중국 현대문학의 대표 작가이며 소설과 희곡(戱曲)을 썼다. 본명은 수칭춘(舒慶春)이며, 라오서(老舍, 1899~1966)는 필명이다. 대표작은 1937년 발표한 『낙타샹즈』이며, 낙타라는 별명을 가진 인력거꾼 샹즈의 비참한 운명을 담았다. 1945년 미국에 번역, 출간되어 베스트셀러 자리에 올랐고, 라오서의 명성에 힘을 실어준 작품이다. 그 밖의 대표작으로 『사세동당(四世同堂)』, 『차관(茶館)』 등의 작품이 있다.

위화

　위화(余華, 1960~)는 중국 3세대를 대표하는 작가이다. 1983년 단편소설「첫번째 기숙사」로 등단했고, 1993년에 발표한 소설『인생(活着)』은 그의 대표작인 동시에 중국 현대문학을 대표하는 걸작으로 손꼽힌다. 중국 현대사의 격변기에서 살아가는 남자의 인생을 그렸으며, 장이머우 감독이 동명의 영화로 제작해 칸영화제에서 수상하는 쾌거를 이루었다. 1996년에 출간한 장편소설『허삼관 매혈기』는 겹겹이 밀려드는 고난에 십여 차례 '매혈'로 대처하며 연명하는 가족의 애환을 담았으며, 세계 문단에서 극찬을 받았다.

모옌

중국의 현대소설가이다. 본명은 관모예(管謨業)이며, '입으로 말하지 않는다'는 의미를 담은 모옌(莫言, 1955~)이 필명이다. 『붉은 수수밭』은 「붉은 수수」, 「고량주」, 「개의 길」, 「수수 장례」, 「기이한 죽음」 등 중편 5편을 엮어 출간했고, 「붉은 수수」를 원작으로 한 장이머우 감독의 영화 〈붉은 수수밭〉은 베를린 영화제에서 황금곰상을 수상했다. 2012년에 모옌은 중국 최초의 노벨문학상 수상자가 되었고, 중국 문학을 세계적으로 알리는 데 이바지하고 있다.

루쉰전집번역위원회, 『루쉰전집』 1-20, 그린비, 2018

이욱연, 『루쉰 독본』, 휴머니스트, 2020

마루오 쯔네키, 유병태 옮김, 『노신』, 제이앤씨, 2006

이욱연, 『중국이 내게 말을 걸다』, 창비, 2008

심경호, 『논어』 1-3, 민음사, 2013

이광수, 『무정』, 삼중당, 1962

라오서, 심규호 유소영 옮김, 『낙타샹즈』, 황소자리, 2008

위화, 최용만 옮김, 『허삼관매혈기』, 푸른숲, 1999

위화, 백원담 옮김, 『인생』, 푸른숲, 2007

나카네 지에 지음, 양현혜 옮김, 『일본사회의 인간관계』, 소화, 2013

이부영, 『아니마와 아니무스』, 한길사, 2001

김석진, 『대산주역강의』 1, 한길사, 1999

김근, 주역, 『타이밍의 지혜』, 삼인, 2023

K|신서 11156

시대를 견디는 힘, 루쉰 인문학

1판 1쇄 인쇄 2023년 9월 15일
1판 1쇄 발행 2023년 9월 26일

지은이 이욱연
펴낸이 김영곤
펴낸곳 ㈜북이십일 21세기북스

콘텐츠개발본부이사 정지은
인생명강팀장 윤서진 **인생명강팀** 최은아 강혜지 황보주향 심세미
디자인 Choipiece
출판마케팅영업본부장 한충희
마케팅2팀 나은경 정유진 박보미 백다희 이민재
출판영업팀 최명열 김다운 김도연
제작팀 이영민 권경민

출판등록 2000년 5월 6일 저1406-2003-061호
주소 (10881) 경기도 파주시 회동길 201(문발동)
대표전화 031-955-2100 **팩스** 031-955-2151 **이메일** book21@book21.co.kr

(주)북이십일 경계를 허무는 콘텐츠 리더

21세기북스 채널에서 도서 정보와 다양한 영상자료, 이벤트를 만나세요!

페이스북 facebook.com/jiinpill21   **포스트** post. naver.com/21c_editors
인스타그램 instagram.com/jiinpill21   **홈페이지** www.book21.com
유튜브 youtube.com/book21pub

서울대 **가**지 않아도 둘을 수 있는 **명강**의! 〈서가명강〉
서가명강에서는 〈서가명강〉과 〈인생명강〉을 함께 만날 수 있습니다.
유튜브, 네이버, 팟캐스트에서 '서가명강'을 검색해보세요!

ⓒ이욱연, 2023

ISBN   979-11-7117-111-8 04300
           978-89-509-9470-9 (세트)